2020—2021年中国工业和信息化发展系列蓝皮书

2020—2021年
中国智能制造发展蓝皮书

中国电子信息产业发展研究院 编 著

张 立 主编

秦海林 副主编

电子工业出版社
Publishing House of Electronics Industry
北京·BEIJING

内 容 简 介

本书立足于"十四五"发展规划和2035年远景目标，分为综合篇、区域篇、企业篇、展望篇，系统剖析了国际、国内的智能制造发展情况，展望了智能制造发展趋势，并提出了相应的发展对策。综合篇分析了美国、德国、日本等国的智能制造发展情况、人才培养和模式创新，并对我国的智能制造发展基础、发展特点与问题进行了梳理和探讨；针对八大领域，总结了2020年全球市场和中国市场的发展概况，对产业链进行了分析，并提出各行业发展存在的问题与建议。区域篇对八个省市的智能制造发展情况分别进行了详细梳理。企业篇以六家企业为研究对象，系统剖析了各企业的智能制造发展概况，并总结了其实施经验和启示。展望篇提出了对我国智能制造发展的总体判断，分析了各行业未来市场发展走势及投资热点。

未经许可，不得以任何方式复制或抄袭本书之部分或全部内容。
版权所有，侵权必究。

图书在版编目（CIP）数据

2020—2021年中国智能制造发展蓝皮书 / 中国电子信息产业发展研究院编著；张立主编. —北京：电子工业出版社，2021.12
（2020—2021年中国工业和信息化发展系列蓝皮书）
ISBN 978-7-121-42407-6

Ⅰ. ①2… Ⅱ. ①中… ②张… Ⅲ. ①智能制造系统－制造工业－经济发展－研究报告－中国－2020-2021 Ⅳ. ①F426.4

中国版本图书馆 CIP 数据核字（2021）第 238924 号

责任编辑：秦　聪
印　　刷：中煤（北京）印务有限公司
装　　订：中煤（北京）印务有限公司
出版发行：电子工业出版社
　　　　　北京市海淀区万寿路 173 信箱　邮编：100036
开　　本：720×1 000　1/16　印张：12.75　字数：285.6千字　彩插：1
版　　次：2021年12月第1版
印　　次：2021年12月第1次印刷
定　　价：218.00元

凡所购买电子工业出版社图书有缺损问题，请向购买书店调换。若书店售缺，请与本社发行部联系，联系及邮购电话：(010) 88254888，88258888。
质量投诉请发邮件至 zlts@phei.com.cn，盗版侵权举报请发邮件至 dbqq@phei.com.cn。
本书咨询联系方式：(010) 88254568，qincong@phei.com.cn。

前言

　　智能制造是基于新一代信息技术与先进制造技术深度融合，贯穿于设计、生产、管理、服务等制造活动各个环节，具有自感知、自决策、自执行、自适应、自学习等特征，旨在提高制造业质量、效益和核心竞争力的先进生产方式。加快发展智能制造，是发展现代产业体系、提升中国制造业全球地位的重要手段，是中国深化供给侧结构性改革、转向高质量发展阶段的必然要求，也是实现"十四五"时期发展主要目标和 2035 年远景目标的关键所在。

　　随着全球新一轮科技革命和产业变革深入发展，智能制造成为发达国家制造业竞争的焦点。美国、德国和日本等发达国家均提出了以智能制造为重点的制造业发展战略，着力推动制造业数字化转型，加大智能制造专业人才的引进和培养力度，旨在持续扩大其制造业的领先优势。2020 年以来，新冠肺炎疫情在全球持续蔓延，传统劳动密集型制造业受到了较大的冲击，这对智能工厂、工业机器人、5G 通信等新技术的推广应用提出了迫切需求。在此背景下，中国需要深入实施智能制造和绿色制造工程，推动制造业产业模式和企业形态根本性转变，减少资源能源消耗，畅通产业链、供应链，培育先进制造业集群，促进中国制造业迈向全球价值链中高端。

　　随着多部门联合部署、各地方政府的积极响应、行业协会和企业的快速

推进，我国智能制造发展取得了一定成效，形成了央地紧密配合、多方协同推进的工作格局，发展态势良好。一是在抗击新冠肺炎疫情的关键时刻，智能制造保供应助复产。一批智能制造标杆企业凭借自动化生产线及柔性化生产体系，快速实现了关键医疗物资及装备的生产线搭建，确保了关键物资的生产供应，有效解决了物流运输及人员流动的难题，率先实现复工复产。二是智能制造优势凸显，发展动力活力显著增强。2020年，我国智能制造相关产业规模和投资额增加，疫情中的突出表现拓展了服务机器人的应用场景，激发了工业机器人的市场潜力，推动了制造业数字化转型的进程。三是智能制造平台和标准体系建设进一步完善。我国发布了多项国家标准和国际标准，培育出一批具有一定影响力的工业互联网平台，构建了国际先行的标准体系。

2021年是实施"十四五"发展规划和为2035年远景目标奋斗的开局之年，当前我国发展仍处于重要战略机遇期，国际国内环境依然严峻复杂，世界经济陷入深度衰退，全球产业链供应链面临重构，国际竞争更趋激烈。同时，我国制造业存在部分核心技术和装备受制于人，供给与市场需求适配性不高，产业链、供应链稳定面临挑战，资源环境要素约束趋紧，人才队伍急待扩充等问题。基于对上述问题的思考，中国电子信息产业发展研究院编著了《2020—2021年中国智能制造发展蓝皮书》。本书分为综合篇、区域篇、企业篇、展望篇，系统剖析了国际、国内的智能制造发展情况，展望了智能制造发展趋势，并提出了相应的发展对策。

综合篇：分析了美国、德国、日本等国家的智能制造发展情况、人才培养和模式创新，并对中国的智能制造发展基础、发展特点与存在的问题进行了梳理和探讨。针对工业电商、工程机械、工业机器视觉、机器人、数控机床、电力装备、无人机、轨道交通装备八大领域，总结了2020年全球市场和中国市场的发展概况，对产业链进行了分析，并提出各行业发展存在的问题与建议。

区域篇：对北京市、上海市、天津市、江苏省、广东省、浙江省、山东省和福建省的智能制造发展情况进行了详细梳理，总结了各个地区的发展特色,着重剖析了各地区推进当地智能制造发展的关键举措。

企业篇:以埃夫特智能装备股份有限公司、北京和利时集团、上海东富龙科技股份有限公司、上海汽车集团股份有限公司乘用车公司、广州明珞装备股份有限公司、中国电器科学研究院股份有限公司为研究对象,系统剖析了各企业的智能制造发展概况,并总结了其实施经验与启示。

展望篇:提出了对我国智能制造发展的总体判断,分析了各个行业未来市场发展走势及投资热点。

目 录

综 合 篇

第一章　2020年国外智能制造发展概况 ······ 002
　第一节　全球持续推进智能制造，加速制造业数字化转型 ······ 002
　第二节　各国高度重视智能制造专业人才培养 ······ 003
　第三节　服务型制造引领智能制造模式创新 ······ 005

第二章　2020年中国智能制造发展概况 ······ 007
　第一节　发展基础 ······ 007
　第二节　发展特点 ······ 010
　第三节　存在的问题 ······ 011

第三章　工业电商 ······ 013
　第一节　全球发展综述 ······ 013
　第二节　中国发展概况 ······ 015
　第三节　产业链分析 ······ 017
　第四节　存在的问题 ······ 019
　第五节　措施建议 ······ 020

第四章　工程机械 ······ 022
　第一节　全球发展综述 ······ 022
　第二节　中国发展概况 ······ 025
　第三节　产业链分析 ······ 031

第四节　存在的问题 …………………………………………… 033
　　第五节　措施建议 ……………………………………………… 034

第五章　工业机器视觉 …………………………………………… 035
　　第一节　全球发展综述 ………………………………………… 035
　　第二节　中国发展情况 ………………………………………… 039
　　第三节　产业链分析 …………………………………………… 042
　　第四节　存在的问题 …………………………………………… 044
　　第五节　措施建议 ……………………………………………… 045

第六章　机器人 ……………………………………………………… 047
　　第一节　全球发展综述 ………………………………………… 047
　　第二节　中国发展概况 ………………………………………… 050
　　第三节　产业链分析 …………………………………………… 053
　　第四节　存在的问题 …………………………………………… 057
　　第五节　措施建议 ……………………………………………… 058

第七章　数控机床 …………………………………………………… 060
　　第一节　全球发展综述 ………………………………………… 060
　　第二节　中国发展概况 ………………………………………… 062
　　第三节　产业链分析 …………………………………………… 066
　　第四节　存在的问题 …………………………………………… 068
　　第五节　措施建议 ……………………………………………… 069

第八章　电力装备 …………………………………………………… 071
　　第一节　全球发展综述 ………………………………………… 071
　　第二节　中国发展概况 ………………………………………… 073
　　第三节　产业链分析 …………………………………………… 077
　　第四节　存在的问题 …………………………………………… 080
　　第五节　措施建议 ……………………………………………… 081

第九章　无人机 ……………………………………………………… 083
　　第一节　全球发展综述 ………………………………………… 083
　　第二节　中国发展概况 ………………………………………… 085
　　第三节　产业链分析 …………………………………………… 088
　　第四节　存在的问题 …………………………………………… 090
　　第五节　措施建议 ……………………………………………… 091

第十章　轨道交通装备···093
- 第一节　全球发展综述··093
- 第二节　中国发展概况··096
- 第三节　行业龙头动向··098
- 第四节　存在的问题··100
- 第五节　措施建议··101

区　域　篇

第十一章　北京市··104
- 第一节　发展概况··104
- 第二节　主要特点··105
- 第三节　推进举措··106

第十二章　上海市··108
- 第一节　发展概况··108
- 第二节　主要特点··110
- 第三节　推进举措··111

第十三章　天津市··113
- 第一节　发展概况··113
- 第二节　主要特点··114
- 第三节　推进举措··115

第十四章　江苏省··117
- 第一节　发展概况··117
- 第二节　主要特点··118
- 第三节　推进举措··119

第十五章　广东省··121
- 第一节　发展概况··121
- 第二节　主要特点··124
- 第三节　推进举措··126

第十六章　浙江省··128
- 第一节　发展概况··128
- 第二节　主要特点··130
- 第三节　推进举措··131

第十七章　山东省 133
第一节　发展概况 133
第二节　主要特点 134
第三节　推进举措 135

第十八章　福建省 138
第一节　发展概况 138
第二节　主要特点 141
第三节　推进举措 142

企　业　篇

第十九章　埃夫特智能装备股份有限公司 145
第一节　企业概况 145
第二节　智能制造发展情况 145
第三节　经验与启示 147

第二十章　北京和利时集团 149
第一节　企业概况 149
第二节　智能制造发展情况 149
第三节　经验与启示 150

第二十一章　上海东富龙科技股份有限公司 152
第一节　企业概况 152
第二节　智能制造发展情况 153
第三节　经验与启示 154

第二十二章　上海汽车集团股份有限公司乘用车公司 156
第一节　企业概况 156
第二节　智能制造发展情况 157
第三节　经验与启示 158

第二十三章　广州明珞装备股份有限公司 160
第一节　企业概况 160
第二节　智能制造发展情况 161
第三节　经验与启示 162

第二十四章　中国电器科学研究院股份有限公司 164
第一节　企业概况 164

第二节　智能制造发展情况 ································ 165
　　第三节　经验与启示 ······································ 167

展 望 篇

第二十五章　发展形势展望 ······································ 170
　　第一节　整体展望 ·· 170
　　第二节　子行业展望 ······································ 171
后记 ·· 190

综合篇

第一章

2020 年国外智能制造发展概况

第一节 全球持续推进智能制造,加速制造业数字化转型

2020 年受新冠肺炎疫情影响,全球各主要国家和地区的经济发展增速均遭到严重打击,疫情导致的劳动力短缺、供应链断裂等问题,使制造业增长受挫。在此背景下,一些具有信息化完备、数字化程度高、智能化手段丰富等特点的制造业企业能够抵御相关风险,并通过柔性生产迅速转型生产口罩、防护服等抗疫物资,在主营业务下滑的同时开拓新业务市场。与此同时,此次疫情凸显了制造业数字化转型的重要性,以美国、欧洲、日本为代表的国家和地区越发重视数字化发展顶层设计和整体规划。

一、德国

2019 年年底,德国联邦经济和能源部部长彼得·阿尔特迈尔(Peter Altmaier)提出了德国《国家工业战略 2030》最终版,指出全球化、数字化、技术创新等重要因素对德国工业构成了重大挑战,未来德国将持续聚焦制造技术创新、精准价值链定位、推动区域协同发展等方向,继续深化德国制造业的领先优势,并通过有针对性地扶持重点工业领域,提高工业总体产值,保证德国工业在欧洲乃至全球的核心竞争力。2020 年,德国相继就生物经济、氢能源、人工智能等多个领域发布了国家级战略,旨在聚焦新兴技术与传统产业的深度融合,并在企业层面由联邦经济部发布了新的中小企业数字化投资补助计划,预计在未来三年投入 2.03 亿欧元,帮助中小企业改善数字化业务流程,提高竞争力和创新力。

二、美国

作为首屈一指的制造业强国,美国在发展工业互联网、推动制造业数字化转型方面持续有大动作。2020年7月,美国工业互联网联盟(IIC)首次发布《工业数字化转型白皮书》,通过明确制造业数字化转型方式和流程,为国内制造业企业数字化转型提供决策参考。《工业数字化转型白皮书》正式明确了工业数字化转型的定义,详述了核心驱动要素,罗列了以云计算/边缘计算、人工智能、数字孪生、人机接口、工业互联网为代表的支撑数字化转型的关键技术及其应用场景,明确了物联网技术对于数字化转型的支持作用,而"快速、开放和高效"的创新型流程是数字化转型的关键,最终列举了企业实施数字化转型的"六步走"方法。此外,美国还着力于持续扩大科技领先优势,先后出台了《2019年安全和可信通信网络法案》《宽带数据法》《2020年安全5G及超越法案》《无尽前沿法案》,一方面保护和推进数字技术设施建设工作,另一方面加大对人工智能、量子计算等前沿技术的技术攻关投入。

三、日本

2020年5月,日本发布了2020年版《制造业基础技术的振兴政策白皮书》,以"促进数字化转型,加强制造企业变革能力"为中心,提出了新冠肺炎疫情的袭来倒逼日本重新审视制造业供应链的问题,明确了数字化转型将成为企业强化变革能力,并重组和重新配置企业内外的经营资源的核心手段,尤其是日本原本在核心技术和数字化研究方面并不落后,需要的是从全社会各个层级、各个角度重视数字化转型。为此,自2020年9月菅义伟出任首相后,明确提出将推进数字化定为主要政策目标之一。他委任河野太郎担任行政改革担当大臣,推动行政机关"去印章化";任命精通数字化问题的平井卓也担任数字改革担当大臣,统筹推进行政机构的业务数字化和数字经济改革,并于2021年9月正式设立"数字厅"。

第二节　各国高度重视智能制造专业人才培养

随着新一代信息技术与制造业加速融合,全球众多国家和地区均将智能制造作为发展制造业的重要抓手,将发展先进制造业制定为国家级再工业化

战略，其中加大融合性人才引进和培养力度，确保劳动者相关权益成了智能制造发展过程中的一个重要议题。

一、德国

随着德国"工业 4.0"概念的不断深化，同时兼备先进制造和新一代信息技术两个领域的跨学科人才成为未来竞争的基点。德国正在全力打造全球最高水平的人工智能研究、创新和经济中心，吸纳世界顶尖智能制造相关人才，并提升智能制造领域的教学水平。2020 年 1 月 15 日，德国柏林工业大学正式对外宣布将原有的"柏林大数据中心"和"柏林机器学习中心"合并为"柏林学习基础与数据研究所"的人工智能研究所，力图进一步开展人工智能科研和人才培养。与此同时，德国联邦政府追加对该研究所的投入预算，预计到 2022 年，研究所将获得 3200 万欧元的财政支持。而在人员岗位方面，柏林市政府将为该研究所设立更多的人工智能岗位。另外，德国新的《专业人才移民法》于 2021 年 3 月 1 日正式生效，该法案将进一步加快专业人才入境德国的签证审批速度，确保德国在国际人才方面的竞争力，并且通过重新定义"专业人才"，也扩大了专业技术人才（非高学历人才）的招引口径。

二、美国

美国于 2016 年和 2018 年先后出台了《先进制造：联邦政府优先技术领域速览》和《先进制造业美国领导力战略》，在《先进制造：联邦政府优先技术领域速览》中详解了加强制造业教育及职业技术人员培养方面的相关计划，在"贸易调整援助社区学院和职业培训资助计划"框架下，美国劳工部和教育部明确，将提供大量资金支持全美各社区学院制造业课程的强化和职业技术人员的培训；另外，"先进制造业工作及创新加速挑战项目"由美国劳工部、商务部、能源部和小企业管理局四部门联合推出，旨在推动技术创新的商业化实现，为企业提供专业技能培训，而在 2020 财年研发预算指南中，美国将加强劳动力培训视为一项优先政策措施。

三、日本

日本在 2018 年和 2020 年先后出台了《面向 5.0 社会的人才培养——社会在变化、学习也在变化》和 2020 年《制造业白皮书》，均将制造业人才培养提升到了一个很高的高度。其中在《面向 5.0 社会的人才培养——社会在

变化、学习也在变化》中提出了厚生劳动省和经济产业省将负责职业教育培训，尤其是针对人工智能相关职业；文部科学省将负责教育实践工作，开展产学联合的信息专业人才培养实践教育项目，同时通过工科教育深化改革，提升数据科学等学科的地位，培养初级、中级人才等相关议题。将数理和数据科学相关标准化课程作为大学普及课程，以 2020 年新版《学习指导要领》为切入点，进行高考改革。从 2020 年开始，编程课程成为日本小学必修课，并作为正式考试科目。针对人工智能创新方向，增设面向社会大众的专业课程。

第三节　服务型制造引领智能制造模式创新

由于现代制造业正在从卖方市场向买方市场加速转变，传统制造业的制造加销售模式已经难以满足下游客户的实际需求，以服务型制造为代表的新模式正在快速兴起。

一、日本

2020 年 7 月 17 日，日本政府正式发布了《统合创新战略 2020》，阐述了日本开展全面创新的年度战略计划。报告中指出，除了持续推进科学技术研究能力提升、强化数字基础设施建设、在重点技术和应用领域实现关键突破等常规创新方式外，要推进各项技术融合创新，并遵循将"互联工业"作为制造业发展战略目标这一主线工作，推进各类模式创新，完善创新生态体系建设，进而加速实现融合人文社会科学的"社会 5.0"。

二、英国

英国政府在《英国工业 2050 战略》中提出，未来制造业不再是"制造加销售"的模式，而是以生产为中心价值链的"服务加再制造"模式，英国未来制造业应具备快速响应消费者需求、把握市场新机遇、发展可持续制造、培养高素质技工四大特点，从而由钢铁、造船等传统工业制造向制造服务化方向转型。

三、法国

法国在经历了《新工业法国》战略初期因为设计项目过多导核心产业发

展不明确的问题后，重新确定了"一个核心"与"九大工业解决方案"，"一个核心"是指通过数字化、智能化升级带动法国工业发展；"九大工业解决方案"包括数字经济、数据安全、物联网、新能源、未来医药、可持续发展城市、智慧饮食、生态出行、未来交通九大领域，通过产业数字化和数字产业化两种手段，推动传统制造业进行转型，通过对终端服务场景的深挖，加速打通制造业与服务业的边界。

第二章

2020 年中国智能制造发展概况

第一节　发展基础

一、我国发展智能制造成果颇丰

"十三五"期间我国持续推进智能制造发展，截至 2020 年，我国工业增加值达到 31.3 万亿元，继续保持全球领先地位。制造业的占比比重对世界制造业贡献的比重位居全球第一，接近 30%。国内高技术制造业增加值平均增速近 10.4%，比规模以上工业增加值的平均增速高 4.9%。软件和信息技术服务业以及信息传输的增加值也保持高速增长，由约 1.8 万亿元增加到了 3.8 万亿元，占 GDP 的比重由 2.5%提升到 3.7%。近年，工业和信息化部大力推进智能制造、制造业数字化转型、产业基础再造等多个行动，2020 年我国智能制造相关产业规模首次突破 2 亿元大关，增长率为 6.9%（见图 2-1）。

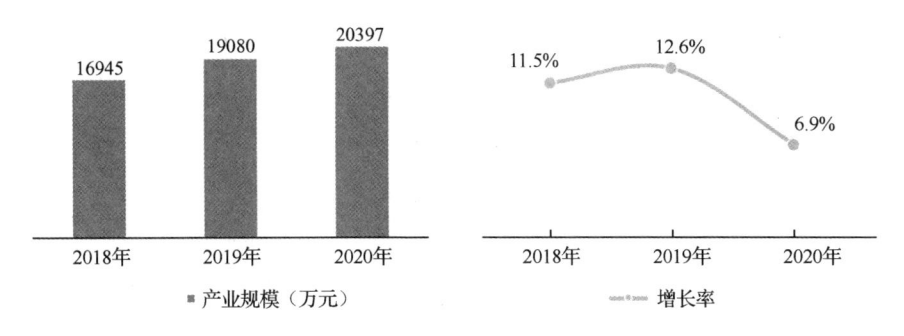

图 2-1　2018—2020 年我国智能制造相关产业规模及增长率

数据来源：赛迪顾问，2021 年 2 月

二、智能制造相关投资略有回调

受新冠肺炎疫情影响，2020 年我国对于智能制造的相关投资额度均略有回调，但大部分仍保持增长态势。2020 年我国制造业固定资产投资下降 2.2%，为近 10 年来首次出现负增长，其主要原因为疫情导致的停工停产，下半年制造业固定资产投资额度出现回暖，2021 年再度实现正增长。2020 年我国规模以上工业高技术制造业增加值同比增长 7.1%，高于全部规模以上工业增加值增速 4.3 个百分点，而与总体固定资产投资相比，高技术产业投资增速较快，高于全部投资 7.9 个百分点。2020 年我国工业技改投资增长 4.5%，在整体投资大幅下跌的环境下，着力推进工业技术改造的专项投资依然保持正增长，这是我国下决心建设制造强国的体现。

三、各级政策不断加码，推动智能制造快速发展

2020 年 6 月 30 日召开的中央全面深化改革委员会第十四次会议指出，加快推进新一代信息技术和制造业融合发展，要顺应新一轮科技革命和产业变革趋势，以供给侧结构性改革为主线，以智能制造为主攻方向，加快工业互联网创新发展，加快制造业生产方式和企业形态根本性变革，夯实融合发展的基础支撑，健全法律法规，提升制造业数字化、网络化、智能化发展水平。在党的十九届五中全会中，明确提出坚持把发展经济着力点放在实体经济上，坚定不移建设制造强国、质量强国、网络强国、数字中国，推进产业基础高级化、产业链现代化，提高经济质量效益和核心竞争力。2020 年，工业和信息化部先后发布《中小企业数字化赋能专项行动方案》《建材工业智能制造数字转型行动计划（2021—2023 年）》《船舶总装建造智能化标准体系建设指南（2020 版）》等多条政策；工业和信息化部等 15 个部门联合发布《关于进一步促进服务型制造发展的指导意见》，着力推动最近制造业数字化转型，与此同时，包括上海、天津等多个地区均发布规划、行动计划等扶持政策，持续推进智能制造发展（见表 2-1）。

表 2-1 2020 年中国智能制造发展相关政策

序号	发布单位	政策名称	发布时间
1	工业和信息化部	《中小企业数字化赋能专项行动方案》	2020.03
2	工业和信息化部	《工业和信息化部办公厅关于推动工业互联网加快发展的通知》	2020.03

续表

序号	发布单位	政策名称	发布时间
3	广东省工业和信息化厅	《广东省工业和信息化厅关于省级制造业创新中心建设管理办法》	2020.05
4	工业和信息化部	《工业和信息化部关于工业大数据发展的指导意见》	2020.05
5	工业和信息化部	《工业和信息化部办公厅关于深入推进移动物联网全面发展的通知》	2020.05
6	上海市经济和信息化委员会	《推动工业互联网创新升级 实施"工赋上海"三年行动计划（2020—2022年）》	2020.06
7	工业和信息化部、国家发展和改革委员会、教育部、科技部、财政部、人力资源社会保障部、自然资源部、生态环境部、商务部、中国人民银行、国家市场监督管理总局、国家统计局、中国银行保险监督管理委员会、中国证券监督管理委员会、国家知识产权局	《十五部门关于进一步促进服务型制造发展的指导意见》	2020.07
8	天津市政府	《天津市关于进一步支持发展智能制造的政策措施的通知》	2020.08
9	国务院	《新时期促进集成电路产业和软件产业高质量发展的若干政策》	2020.08
10	工业和信息化部	《船舶总装建造智能化标准体系建设指南（2020版）》	2020.08
11	工业和信息化部	《建材工业智能制造数字转型行动计划（2021—2023年）》	2020.09
12	工业和信息化部	《推动物流业制造业深度融合创新发展实施方案》	2020.09
13	工业和信息化部、应急管理部	《"工业互联网+安全生产"行动计划（2021—2023年）》	2020.10
14	工业和信息化部	《电信和互联网行业数据安全标准体系建设指南》	2020.12

数据来源：赛迪顾问，2021年2月。

第二节 发展特点

一、政策不断聚焦，推动智能制造快速发展

中国以智能制造为主攻方向，大力发展制造业已经走过了五个年头，从智能制造概念提出，到中国工程院提出数字化、网络化、智能化"三步走"，再到智能制造标准体系不断完善更新，中国智能制造发展的基本框架基本完善，而随着市场需求的不断变化及新技术与制造业融合的加速，中国不断聚焦智能制造发展重点，先后明确了制造业数字化转型、产业基础再造、新型基础设施建设、工业互联网等重点方向。在"十四五"期间，传统制造业将以产业数字化为发展主题，针对现有制造业信息化、数字化基础仍旧不足的现状继续补功课。一方面，国家大力推动数字新基建，将从工业互联网、5G、人工智能等领域夯实新型基础建设，为企业应用相关技术打好基础；另一方面，企业明晰了数字化转型这一重要路径，积极推进软件架构搭建、制造设备改造升级、底层数据采集等工作，逐步实现智能制造。

二、定制化需求催生多门类智能制造解决方案供应商

各个企业之间信息化、数字化基础能力参差不齐，实际业务在众多制造业门类及各个细分环节中所涉及领域也不尽相同，导致很难有通用型方案应对市场上的大部分需求，定制化改造成为企业推进智能制造的重要手段。由于制造业不同行业间技术纵深较大，如西门子、通用电气等国际顶级智能制造企业都只选择几个企业自身拥有成熟工艺经验和实施案例的行业进行深度挖掘。因此，国内行业级智能制造解决方案供应商及工业互联网平台正成为市场主流，这为市场竞争提供了更多机会，防止行业形成寡头垄断的格局。与此同时，工业软件及系统、工业云平台与生产制造设备正在进一步加速协同，单纯提供单门类解决方案的服务商已经难以满足大型龙头企业的数字化、智能化改造需求，通过资本、合作等多种形式的跨领域合作正在加速进行，工业富联通过资本方式与鼎捷软件的结合就是非常典型的案例。

三、数据安全保障能力将是影响智能制造发展的重要因素

工业大数据是推动智能制造发展的必备要素，而能够形成数据驱动完整闭环的重要条件便是数据安全。核心工艺参数、关键原料配比、核心设备产

能等数据是制造业企业的命脉，在难以保障核心数据绝对安全的前提下，企业对于通过数据挖掘等方式深挖数据价值、融合工业互联网，进而推进数字化、智能化转型仍将保持观望态度。当前，大部分龙头企业仍以数据部署本地化或者设置私有云为首选，能完成全厂、全企业内部数据互通及高效协同的并不多，而在未来，以供应链联动上下游企业打通数据，形成数据链动态协同，将是行业级智能制造整体水平提升的重要体现，在此背景下，"十四五"期间，我国将进一步加大对数据、网络安全的重视，完善智能制造发展的安全保障。

第三节　存在的问题

一、关键工艺、工业软件等工业基础技术仍有待破局

虽然我国正在加速推进新一代信息技术与制造业融合，智能制造发展需求也越发旺盛，但是在工业设计软件、高端通用芯片、机器人高精度减速器等诸多领域仍有众多关键核心技术尚未突破，如在 MES、PLC、CAE 等工业控制、工业设计关键软件及设备，国外厂商市场占有率均超过 70%，在高速铁路、C919 大飞机的重大设备中也依旧有一定比例的核心零部件需要由海外企业供给。"十四五"期间，工业和信息化部将聚焦核心技术零部件、关键基础元器件、先进基础的制造工艺和装备、关键基础材料及工业软件五大方向，实施制造业强链、补链行动和产业基础再造工程，着力增强产业链、供应链自主可控能力，进一步落实我国制造强国建设的总体战略。

二、国内企业在国际市场竞争中仍存在一定劣势

系统集成作为企业推进智能制造的实施路径，是能够直观反映智能制造发展水平的产业细分方向。以西门子、GE、罗克韦尔等为代表的欧美龙头企业仍然占据全球智能制造系统集成竞争格局中的领先地位，凭借在硬件制造领域的诸多基础工艺和丰富的制造经验，以及在 MES、PLM 等工业软件方面的技术优势，欧美龙头企业依旧占有全球智能制造系统集成整体解决方案领域的大部分份额，而在工业互联网快速发展的加持之下，上述企业将更好地发挥平台优势，聚拢上下游产业资源，进而巩固领先优势。虽然我国近些年涌现了树根互联、航天云网、新松机器人等一批优质的智能制造系统集成商，传统的智能装备制造企业也通过技术攻关、数字化转型等方式强化了核

心竞争力，但是受限于部分核心技术仍被国外企业掌控，加之市场应用案例不成熟等因素，国内企业在国际竞争中仍存在一定劣势。

三、智能制造发展仍需通过模式创新联动资本市场

当前大部分工业互联网企业均以数据、网络、平台三个层面切入制造业，而从商业模式来讲，工业互联网要从上游设计研发、中游制造、下游物流销售服务等全生命周期对制造业进行赋能，积极拓展协同设计、远程运维、C2M、工业电商等新业态新模式，加速新一代信息技术与制造业的融合、制造业与服务业的融合、数字经济与实体经济的融合，从而实现生产性服务业的专业化和高端化，构建现代产业体系。因此，虽然工业互联网平台企业现在能够获得资本市场一定的关注度，但是相较于人工智能、生物医药等热门领域，投融资热度和金额仍旧有较大提升空间，加之制造业本身具备融资金额需求量大、投资回报周期长等特点，未来需要进一步探索全新且完整的商业模式，通过各类技术赋能和新领域拓展，提高在资本市场的受关注度。

第三章 工业电商

工业电商是电子商务在工业流通、生产、服务全流程的深化应用，是工业领域基于网络交易的新型经济活动。工业电商是促进工业供应链协同的重要手段，其范围包括工业生产过程中供应链各环节主体之间和各环节主体内部基于互联网的各类经济活动，主要作用是连接工业全要素、优化工业资源配置。工业电商作为新一代信息技术与制造业融合产生的新业态、新模式之一，是促进制造业供应链协同的有效手段，正加速推进制造业生态系统的深刻变革。

第一节 全球发展综述

一、全球工业电商平台交易规模持续增长

2018—2020 年，全球工业电商平台交易规模逐年上升。2020 年全球工业电商平台交易规模增速加快，较 2019 年增长 9.4%，达到 11.6 万亿美元（见图 3-1）。

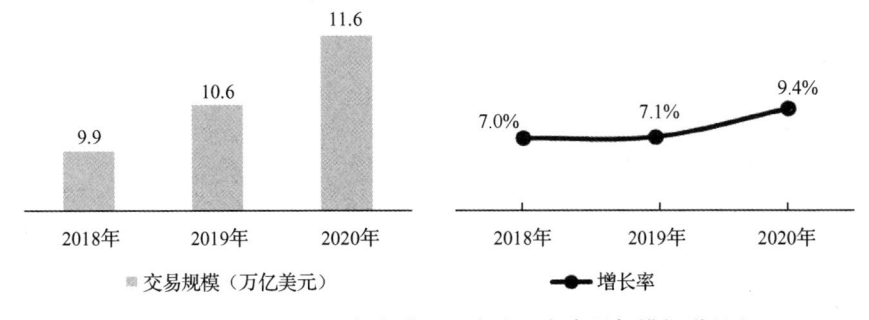

图 3-1 2018—2020 年全球工业电商平台交易规模与增长率

数据来源：赛迪顾问，2021 年 2 月

二、直接物料电子商务平台交易规模占比最大

直接物料电子商务平台交易的商品直接用于工业商品生产的原材料和零部件，市场规模巨大，因此直接物料电子商务平台的交易规模占比最大，占全球工业电商平台交易规模总量的90.23%。能力资源电子商务平台尚处于发展前期阶段，交易规模较小，仅占0.01%，但从市场热度和发展前景来看，能力资源电子商务平台具有极大潜力，随着技术和商业模式的成熟，未来将具有一定规模（见图3-2）。

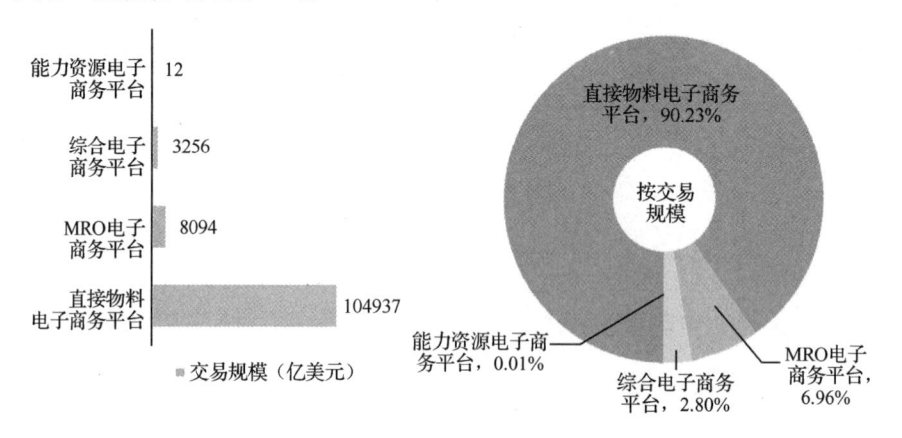

图3-2 2020年全球工业电商平台交易规模类型结构

数据来源：赛迪顾问，2021年2月

三、亚太地区工业电商平台交易规模全球领先

2020年工业电商平台交易规模最大的国家和地区是亚太地区，整个亚太地区的工业电商平台交易规模占全球总交易规模的33.7%，其中，日本工业电商发展较早，交易规模占全球总交易规模的12.1%，达到1.4万亿美元；北美地区工业电商平台交易规模占全球总交易规模的29.3%，达到3.4万亿美元（见图3-3）。

四、连接供应商端和用户端的服务模式逐渐形成

全球各大工业电商企业正在基于工业电商平台积极布局连接供应商端和用户端的服务模式，致力于贯穿研发设计、生产制造、线上交易、售后服务等环节数据，通过各环节数据的贯通将供应商和用户连接在一起，为其提供更好的生产、服务体验。如GlobalSpec的Engineering360集合了全球多个

行业和学科的工程师和技术专业人员，同时汇集全球工业供应商，可以提供超过 1.22 亿件零部件，在产品研发设计、采购等各个环节均可通过 Engineering360 招聘工程师、购买服务。

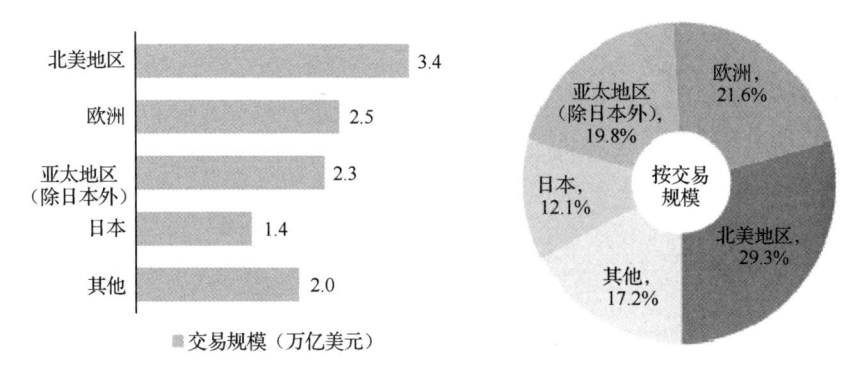

图 3-3 2020 年全球工业电商平台交易规模区域结构

数据来源：赛迪顾问，2021 年 2 月

第二节 中国发展概况

一、多项政策出台，推动融合服务的工业电商平台快速发展

为促进中国工业电商发展，各级政府部门结合中国实际情况出台相关政策（见表 3-1）。从近年来中国工业电商相关政策导向可以看出，目前中国工业电商发展已经从建设平台的初级阶段，经过进一步加速普及、深化应用，逐步进入融合服务的增值阶段。利用工业电商平台畅通产业链、供应链，将工业商品交易与生产、服务深度融合，是当前中国工业电商的发展重点。

表 3-1 2018—2020 年中国工业控制产业主要政策

颁布时间	颁 布 主 体	政 策 名 称
2018 年	国务院	《国务院关于推动创新创业高质量发展打造"双创"升级版的意见》
2019 年	商务部等 12 部门	《关于推进商品交易市场发展平台经济的指导意见》
	工业和信息化部	《关于促进制造业产品和服务质量提升的实施意见》
2020 年	工业和信息化部	《关于有序推动工业通信业企业复工复产的指导意见》
	工业和信息化部、国家发展改革委等 15 部门	《关于进一步促进服务型制造发展的指导意见》

数据来源：赛迪顾问，2021 年 2 月。

二、中国工业电商平台交易规模增速加快

中国是全世界唯一拥有联合国产业分类中全部工业门类的国家，工业体量在全球处于领先地位。2016—2019年，中国工业增加值由24.54万亿元增至31.71万亿元，年均增长9.7%。近年来，新一代信息技术与制造业加速融合，工业电商作为新业态不断增长，2020年新冠肺炎疫情期间，工业电商在加快工业企业供应链协同、促进复工复产等方面发挥了重要作用，工业电商平台交易规模增速加快。2020年中国工业电商平台交易规模为112560亿元，同比增长13.2%（见图3-4）。

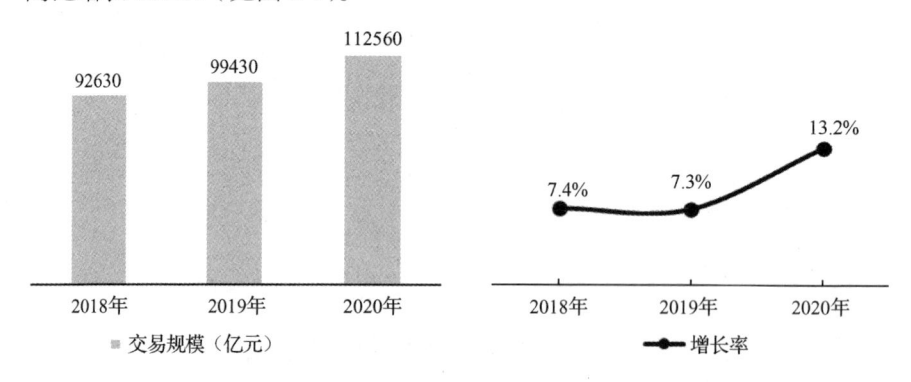

图3-4　2018—2020年中国工业电商平台交易规模与增长率

数据来源：赛迪顾问，2021年2月

三、直接物料电子商务平台交易规模占比最大，能力资源电子商务交易平台交易仍在起步阶段

由于直接物料电子商务平台交易品中包括钢铁、煤炭、石油化工、建筑材料等生产制造原材料，此类商品能够应用在工业生产的各个环节，通常交易规模较大、交易金额较高，因此直接物料电子商务平台的交易规模占比最大，接近90%。对于综合电子商务平台，此部分仅计算其在工业领域的交易额，约占工业电商平台交易规模的2.89%。能力资源电子商务平台尚处在起步阶段，大部分企业尚未盈利，交易规模较小，仅占中国工业电商平台交易规模的0.01%（见图3-5），但从政策重视程度和市场热度来看，能力资源电子商务平台具有极大潜力，未来将具有一定规模。

第三章 工业电商

能力资源电子商务平台 15
综合电子商务平台 3250
MRO电子商务平台 8130
直接物料电子商务平台 101165

■ 交易规模（亿元）

按交易规模：
- 直接物料电子商务平台，89.88%
- 能力资源电子商务平台，0.01%
- 综合电子商务平台，2.89%
- MRO电子商务平台，7.22%

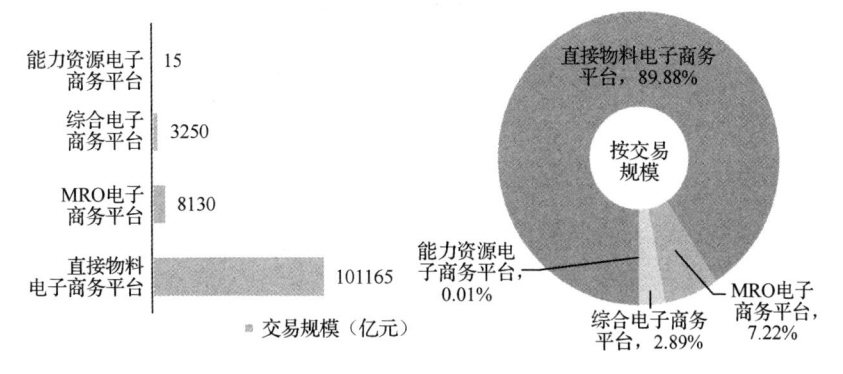

图3-5　2020年中国工业电商平台交易规模类型结构

数据来源：赛迪顾问，2021年2月

四、华东区域工业电商平台交易规模占全国一半以上

从总体分布来看，中国工业电商平台交易主要集中在华东、中南和华北区域。这些区域经济较发达、制造业基础好，工业电商企业数量多、规模大，尤其是以上海、江苏、浙江为核心的华东区域，工业电商平台交易规模达到全国的一半以上，是中国工业电商发展的重要根据地（见图3-6）。

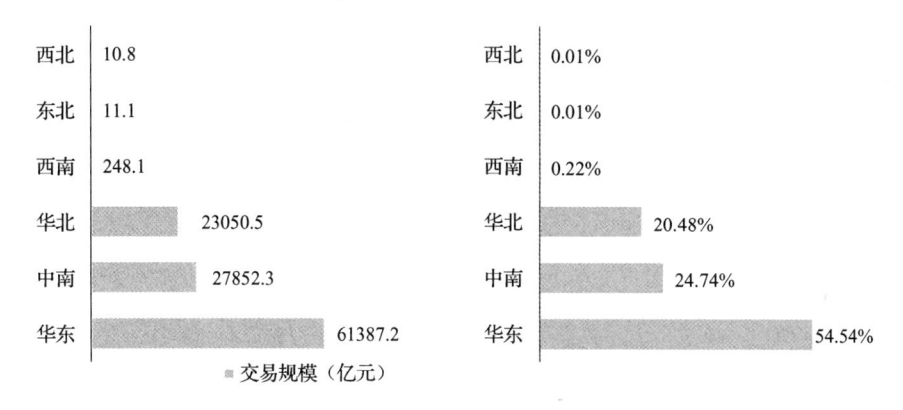

区域	交易规模（亿元）	占比
西北	10.8	0.01%
东北	11.1	0.01%
西南	248.1	0.22%
华北	23050.5	20.48%
中南	27852.3	24.74%
华东	61387.2	54.54%

图3-6　2020年中国工业电商平台交易规模区域结构

数据来源：赛迪顾问，2021年2月

第三节　产业链分析

按照工业电商平台交易的商品类型，将其分为四类，分别是直接物料电子商务平台、MRO电子商务平台、能力资源电子商务平台和综合电子商务平台（见图3-7）。

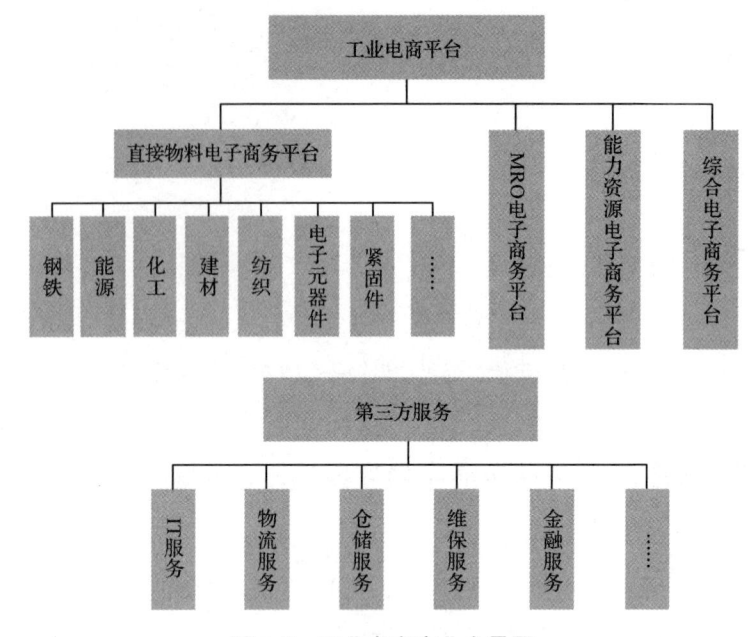

图 3-7 工业电商产业全景图

数据来源：赛迪顾问，2021 年 2 月

一、工业电商平台

直接物料电子商务平台：主要交易钢铁、煤炭、石油化工、建筑材料等生产制造原材料和电子元件、汽车配件等直接构成工业商品的零部件。直接物料电子商务平台在工业电商领域中企业数量最多，交易规模最大，在工业电商发展前期，直接物料电子商务平台以大宗商品交易为主。近年来，电子元器件、汽车配件、紧固件等离散型制造业企业直接应用的零部件垂直行业电商平台异军突起，涌现了云汉芯城、猎芯网、万千紧固件等规模较大、增长较快、模式新颖的企业，市场关注度持续走高。

MRO 电子商务平台：主要交易机电设备、气动元件、办公用品等，不直接构成产品，只提供维护、维修、运行设备的物料和服务，交易商品模块化、标准化。2020 年，MRO 电子商务平台极受资本市场关注，企业规模不断扩大，京东工业品、震坤行工业超市等 MRO 电子商务平台企业先后获得大额融资；京东工业品收购工品汇作为其子品牌，成为京东布局工业电商业务的重要一环。

能力资源电子商务平台：主要交易生产加工能力、产品检测能力、仓储能力等工业及生产性服务业资源，是"共享经济"的主要实施手段之一，能够有效配置闲置工业资源。2020年，能力资源电子商务平台不断涌现，如犀牛智造工厂、驼驮维保等，作为近几年新兴出现的工业电商平台，能力资源电子商务平台模式新颖、预期市场规模巨大，有望成为工业电商领域的下一个爆点。

综合电子商务平台：交易各种类型的工业商品，大多是传统电商平台从消费品交易向工业商品交易的延伸拓展，此类企业熟知电子商务运营，具备较强的资源整合能力。

二、第三方服务

工业电商平台配套的第三方服务包括IT、物流、仓储、维保、金融、保险等各种类型的服务，工业电商平台企业与第三方服务企业合作，为用户提供更好的平台交易体验。2020年，京东工业品发布"京工帮"工业品服务体系，致力于系统性解决工业品采购服务难的问题，与上海沪工、库控、工业速派、通达发、比高集团、中盾优固6家服务商合作伙伴签署合作协议，补充京东工业品综合品类及专业品类的线下服务能力。近年来，工业电商企业积极布局供应链金融、设备维护维修等服务，增加工业产品交易附加值，逐渐向工业服务提供商转型。

第四节　存在的问题

一、工业商品交易金额大、应收账款回款周期长，平台垫付资金压力大

工业商品交易通常具有交易量大、金额高、环节复杂等特点，行业内长期以来存在赊销行为，导致存在大量应收账款。工业商品交易通常经历询价/比价/招投标/竞价—供需双方协商—合同签订—支付订金—发货—支付尾款—售后服务等环节，应收账款账期通常需要6个月以上。目前，工业电商平台企业为提高用户采购效率，开展自营业务，即提前从供应商处购入工业商品，用户下订单后极速发货，对于此类工业电商平台企业，应收账款回款周期长给其带来极高的资金流风险，也可能对后续其他交易产生影响。

二、制造业数字化程度尚无法完全匹配工业电商实现端到端数据打通

当前,中国工业电商企业正参与连接工业全要素,打通全产业链数据,这需要制造业数字化转型达到较高水平。目前,我国正处于由制造大国向制造强国转变的重要阶段,制造业数字化水平逐步提升,已经有一部分企业实现了数字化转型,但仍有很多企业存在资金不足、技术水平低、人才匮乏等问题,数字化程度较低,无法实现生产过程数据采集、分析等行为,阻碍全产业链端到端的数据连通。

第五节 措施建议

一、完善数字化基础设施建设,以工业电商带动产业转型升级

加快部署 5G、大数据中心等数字化基础设施,加速实施制造业数字化转型、智能化改造。一是加快 5G 等网络基础设施建设,推进大数据中心建设,为生产—交易全流程数据连通做好支撑;二是结合制造业行业特点,推动制造设备、生产线等设备智能化改造,提高制造业企业研发、生产、设备运维等环节的数据采集能力,基于工业互联网平台和工业电商平台连接制造商和用户各环节数据,以工业电商带动产业转型升级。

二、深化新一代信息技术与制造业融合应用,提高企业核心竞争力

深化大数据、人工智能、物联网等新一代信息技术与制造业融合应用,提升产品智能化水平,加强研发设计、生产制造、线上交易、售后服务等环节的数据连通性,借助大数据、人工智能等新一代信息技术对数据进行整理、分析,辅助商业决策,提高企业核心竞争力。加速推进区块链技术应用,打造透明、可信、可追溯的数据链,为生产、交易等场景做出有力的数据安全保障。

三、加速工业互联网平台与工业电商平台互联互通

工业电商平台企业与工业互联网企业应积极合作，加速完善信息对接标准体系，推动研发设计、生产制造等制造商信息与订单、资金、物流等市场端信息对接，精准匹配制造商和购买方，优化各环节资源配置，打通制造商和需求方的数据流动，推动研发设计—生产制造—线上交易—仓储物流—售后服务等环节全流程业务协同，提高企业运营效率。

第四章 工程机械

2020年，新冠肺炎疫情影响全球，各国家和地区的工程机械行业均受到较大影响。面对新冠肺炎疫情和经济发展的双重压力，中国工程机械行业率先复工复产、保产保供，本土品牌在这一年逆势增长，挖掘机械销量居全球首位，为中国经济的复苏贡献了积极作用。总体而言，2020年中国工程机械市场继续保持稳定增长的良好态势。未来，环保要求趋严、基建项目加速、房地产投资回暖、"一带一路"倡议稳步推进，将对工程机械企业在高端化、智能化、绿色化等方面提出更高要求。赛迪顾问认为，工程机械市场竞争格局将更加激烈，行业集中度将继续不断提升，领头企业竞争能力将进一步提升。与此同时，在"两新一重"政策的推动下，大批"新基建"项目集中开工，起重机械、混凝土机械等后周期产品将接力挖掘机械迎来快速增长。

第一节 全球发展综述

一、新冠肺炎疫情中断全球工程机械市场连续增长态势

自2017年以来，全球工程机械行业连续三年快速增长，工程机械相关企业经营纷纷实现全新突破。2020年，在新冠肺炎疫情的影响下，全球工程机械市场销售遭遇巨大冲击，工程机械行业受到较大影响。2020年全球工程机械市场交易规模下降至1973.0亿美元，增长率为-2.8%（见图4-1）。

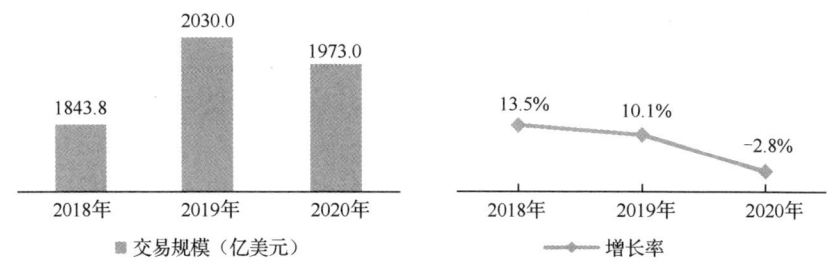

图 4-1　2018—2020 年全球工程机械市场交易规模与增长率

数据来源：赛迪顾问，2021 年 2 月

二、挖掘机械在工程机械市场交易规模中占比最大

2020 年，挖掘机械市场占比最大，交易规模达 569.7 亿美元，占比达 29.0%；起重机械市场交易规模达 431.2 亿美元，占比达 21.8%；铲土运输机械市场交易规模达 401.0 亿美元，占比达 20.3%；路面机械市场交易规模达 278.6 亿美元，占比达 14.1%；其他工程机械市场交易规模达 292.5 亿美元，占比达 14.8%（见图 4-2）。

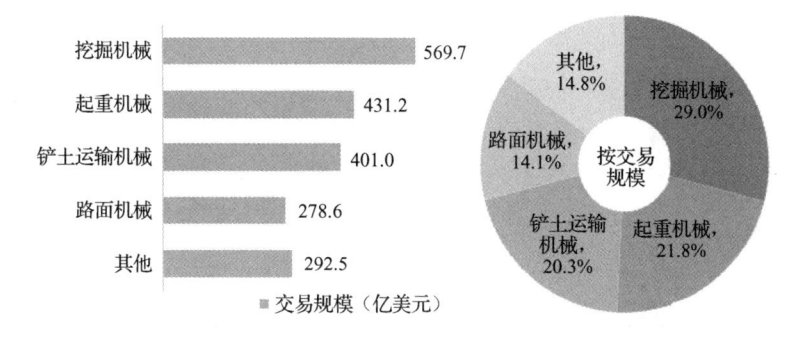

图 4-2　2020 年全球工程机械市场交易规模类型结构

数据来源：赛迪顾问，2021 年 2 月

三、中美日市场占据全球市场主导地位

2020 年，美国、中国、日本三国工程机械市场占据全球 68.4% 的市场份额，美国占据 26.5%、中国占据 21.1%、日本占据 20.8%。以英国、德国、法国等为代表的欧洲地区占据了 18.9% 的市场交易份额。2020 年受新冠肺炎疫情影响，除中国外全球各国家和地区工程机械市场均受到较大影响，特别是美国、欧洲市场占比下滑明显（见图 4-3）。

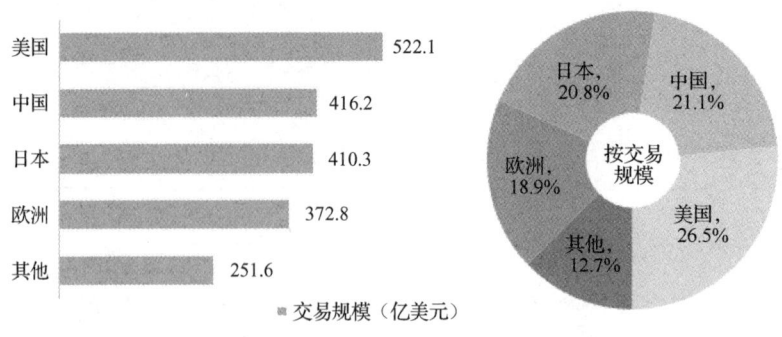

国家/地区	交易规模（亿美元）	占比
美国	522.1	26.5%
中国	416.2	21.1%
日本	410.3	20.8%
欧洲	372.8	18.9%
其他	251.6	12.7%

图 4-3　2020 年全球工程机械市场交易规模区域结构

数据来源：赛迪顾问，2021 年 2 月

四、先进技术与下游需求决定工程机械发展方向

一是数字化、智能化、绿色化技术在工程机械的应用成为热点。智能化技术的迭代成熟在很大程度上扩展了工程机械的应用场景，提高了产品安全系数。2020 年，工程机械头部企业纷纷将 5G、人工智能、新能源技术与工程机械产品结合，研发成果喜人。具体来看，中联重科研发的全球首台纯电动起重机 ZTC250N-EV 融入机器视觉、人工智能和 5G 通信技术，旗下的无人起重机械也由概念进入实践应用阶段；三一重工推出的 1.6 吨纯电动微挖成为目前全球唯一实现批量化生产的纯电动挖掘机；徐工发布的全球数字化备件服务信息系统可对每台设备精准追溯，真正实现智能化运营管理。二是"新基建"改变工程机械品类结构。全球工程机械重要的下游应用市场主要是基础设施建设，下一步，传统的"铁公基"将逐渐被"新基建"所包含的七大领域所替代。区别于"铁公基"侧重建筑和土木工程领域，"新基建"更加关注信息化数字化相关领域的基础设施建设，如新能源充电桩、5G 基站建设等城市内软性、中小型工程，使得小型化工程机械的需求大幅提升，也将对当前厂商产品品类布局形成挑战。三是下游集约化带动用户需求变革。随着基础设施建设行业成熟度的逐渐提升，工程机械下游用户的集约化及专业化程度不断提高，推动用户需求变革。一方面，单个用户设备拥有量的提高带来集中化采购及整体化解决方案需求，下游用户期望设备制造商能够根据使用需求及工况环境提供成套化设备与一体性技术解决方案；另一方面，大型用户对设备全生命周期成本管理更加严格，因此对产品智能化、自动化程度的要求更上一个台阶，不仅需要实现设备运行状态的远程监测，更需要在远程控制、故障自检、预测性维保、无人化运行方面实现新突破。

第二节　中国发展概况

一、政策加码，对工程机械发展提供支撑

基础建设是工程机械下游的主要应用，行业投资增速与工程机械销量增速正相关。2019 年 11 月，国务院印发《关于加强固定资产投资项目资本金管理的通知》，提出补短板基础设施项目在风险可控的前提下可以适当降低项目最低资本金比例最低不超过 5 个百分点。2020 年，财政部提前下达了新增专项债务限额 1 万亿元。在政策作用下，基础建设项目融资能力提升。2021 年受全球新冠肺炎疫情、国际贸易战的持续影响，国内政策趋向宽松，工程机械下游基础建设领域投资进入稳定增长期，为工程机械市场增长提供了良好的环境（见表 4-1）。

表 4-1　中国基础建设主要政策

颁布时间	颁布主体	政策名称
2018 年	国务院办公厅	《关于保持基础设施领域补短板力度的指导意见》
2019 年	国务院办公厅	《关于加强固定资产投资项目资本金管理的通知》
	生态环境部	《关于加快推进非道路移动机械摸底调查和编码登记工作的通知》
	国家发展改革委等 15 部门	《关于推动先进制造业和现代服务业深度融合发展的实施意见》
2021 年	全国人大财政经济委员会和国家发展改革委	《中华人民共和国国民经济和社会发展第十四个五年规划和 2035 年远景目标纲要》

数据来源：赛迪顾问，2020 年 2 月。

二、2020 年中国工程机械市场交易规模超过 7100 亿元

中国工程机械市场在 2009—2013 年发展迅速且达到了第一个高峰——5663 亿元后，2014—2017 年进入低落期。2018 年后，国内房地产和基建投资增加，助力中国工程机械市场连续三年增长。2020 年中国工程机械市场交易规模达到 7149.0 亿元，同比增长 7.0%，增长依然较快（见图 4-4）。

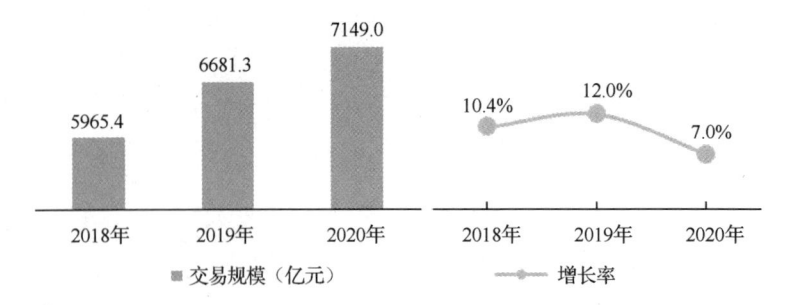

图 4-4　2018—2020 年中国轨道交通产业交易规模与增长率

数据来源：赛迪顾问，2020 年 2 月

三、挖掘机械占据中国工程机械市场主要份额

2020 年，随着新冠肺炎疫情后复工复产的推进，一方面，基建领域对工程机械中挖掘机械的需求率走强；另一方面，新基建下的城市旧改、5G 基站建设、充电桩建设等对挖掘机械的需求进一步增加。传统基建与新基建共同助力挖掘机械快速增长，2020 年中国挖掘机械市场份额达到 27.0%（见图 4-5）。

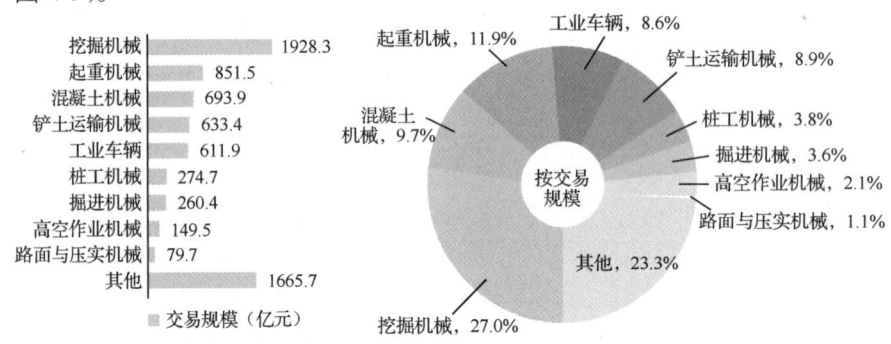

图 4-5　2020 年中国工程机械市场交易规模类型结构

数据来源：赛迪顾问，2021 年 2 月

四、华东、中南和西南稳居工程机械区域市场三甲

2020 年，中国工程机械市场发展最为领先的区域是华东、中南和西南，这三个区域的国内市场交易份额分别达到 2265.4 亿元、1854.4 亿元和 1195.8 亿元，占比分别为 31.7%、25.9% 和 16.7%，随着国内"新基建"加速落地，华东、华北、中南区域的工程机械市场交易规模将呈现高速增长，市场份额进一步提升（见图 4-6）。

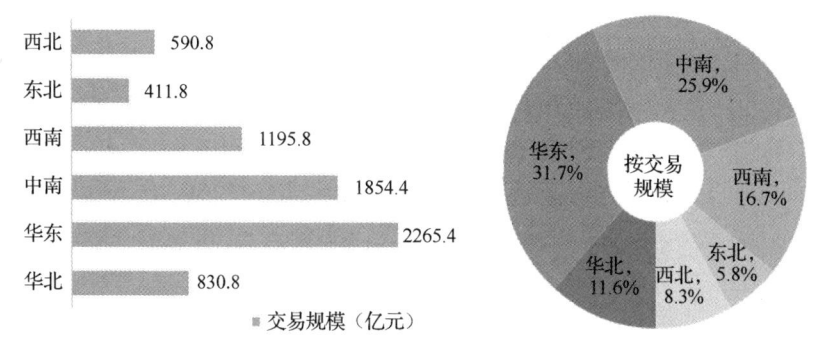

区域	交易规模（亿元）
西北	590.8
东北	411.8
西南	1195.8
中南	1854.4
华东	2265.4
华北	830.8

按交易规模：中南 25.9%，西南 16.7%，东北 5.8%，西北 8.3%，华北 11.6%，华东 31.7%

图 4-6　2020 年中国工程机械市场交易规模区域结构

数据来源：赛迪顾问，2021 年 2 月

2020 年，华东、中南、西南区域是中国工程机械市场挖掘机械产品交易规模最为领先的区域，总计达 1458.3 亿元、占比为 75.6%，伴随着华北、西北、东北区域重点基建项目启动建设，挖掘机械产品在这些区域中有望迎来高速增长，市场份额也将进一步提升（见图 4-7）。

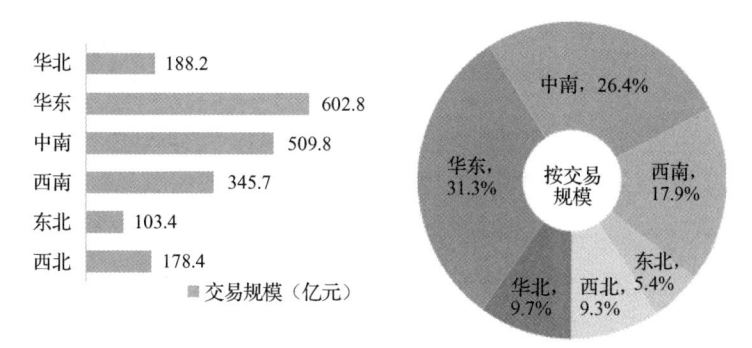

区域	交易规模（亿元）
华北	188.2
华东	602.8
中南	509.8
西南	345.7
东北	103.4
西北	178.4

按交易规模：中南 26.4%，西南 17.9%，东北 5.4%，西北 9.3%，华北 9.7%，华东 31.3%

图 4-7　2020 年中国工程机械市场挖掘机械产品交易规模区域结构

数据来源：赛迪顾问，2021 年 2 月

2020 年，华东、中南区域分列中国工程机械市场起重机械产品交易规模的第一、第二位，分别达 229.9 亿元、212.9 亿元，分别占比 27.0%、25.0%，起重机械为工程机械重要的后周期产品，未来有望在华东、中南区域迎来进一步快速增长（见图 4-8）。

2020 年，华东、中南区域的混凝土机械产品发展迅速，交易规模总计达 362.9 亿元、占比为 52.3%，混凝土机械作为工程机械后周期主力产品，随着国内基建、房地产等项目进入中后期而有望迎来高速增长，特别是在华东、中南区域，将进一步拉大与其他区域市场份额的差距（见图 4-9）。

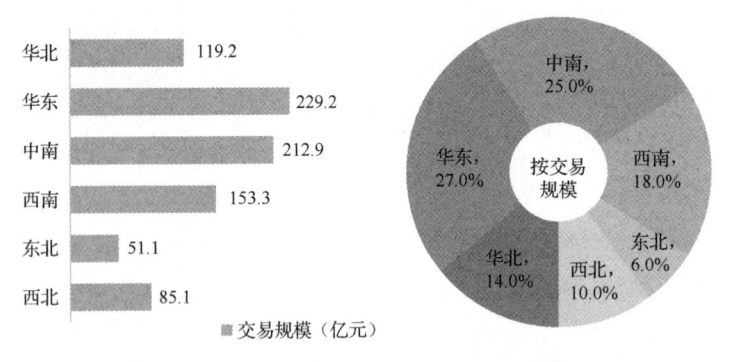

华北 119.2
华东 229.2
中南 212.9
西南 153.3
东北 51.1
西北 85.1
■ 交易规模（亿元）

中南，25.0%
华东，27.0%
西南，18.0%
东北，6.0%
西北，10.0%
华北，14.0%
按交易规模

图 4-8 2020 年中国工程机械市场起重机械产品交易规模区域结构

数据来源：赛迪顾问，2021 年 2 月

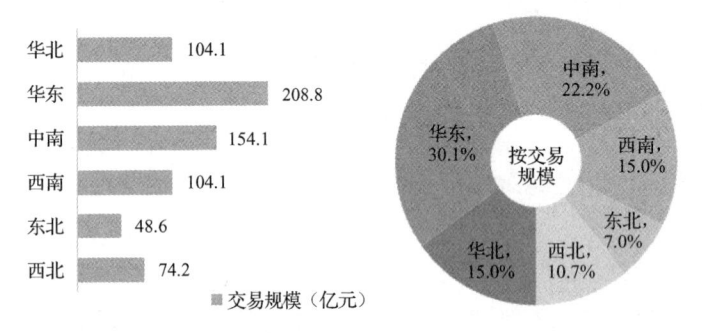

华北 104.1
华东 208.8
中南 154.1
西南 104.1
东北 48.6
西北 74.2
■ 交易规模（亿元）

中南，22.2%
华东，30.1%
西南，15.0%
东北，7.0%
西北，10.7%
华北，15.0%
按交易规模

图 4-9 2020 年中国工程机械市场混凝土机械产品交易规模区域结构

数据来源：赛迪顾问，2021 年 2 月

2020 年，华东、中南、西南区域是中国工程机械市场铲土运输机械产品的主要市场，交易规模分别达 196.0 亿元、169.4 亿元、113.6 亿元，分别占比 30.9%、26.7%、17.9%，随着国内基建领域建设不断加速，未来有望迎来进一步增长（见图 4-10）。

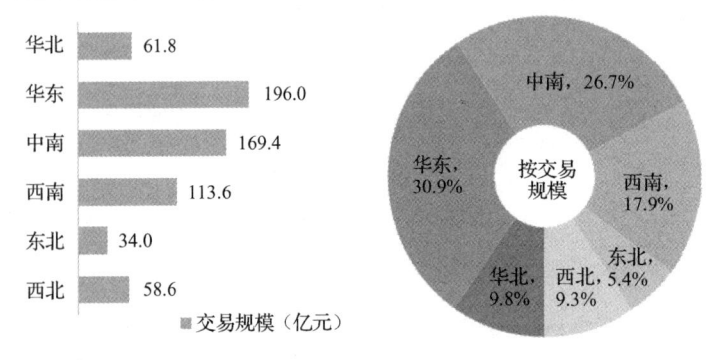

华北 61.8
华东 196.0
中南 169.4
西南 113.6
东北 34.0
西北 58.6
■ 交易规模（亿元）

中南，26.7%
华东，30.9%
西南，17.9%
东北，5.4%
西北，9.3%
华北，9.8%
按交易规模

图 4-10 2020 年中国工程机械市场铲土运输机械产品交易规模区域结构

数据来源：赛迪顾问，2021 年 2 月

第四章 工程机械

2020年,华东、中南区域是中国工程机械市场工业车辆产品的主要市场,交易规模分别达212.1亿元、186.5亿元,分别占比34.0%、30.5%,华北、西南区域分列第三、第四名,交易规模分别达72.7亿元、57.6亿元,分别占比11.9%、9.4%(见图4-11)。

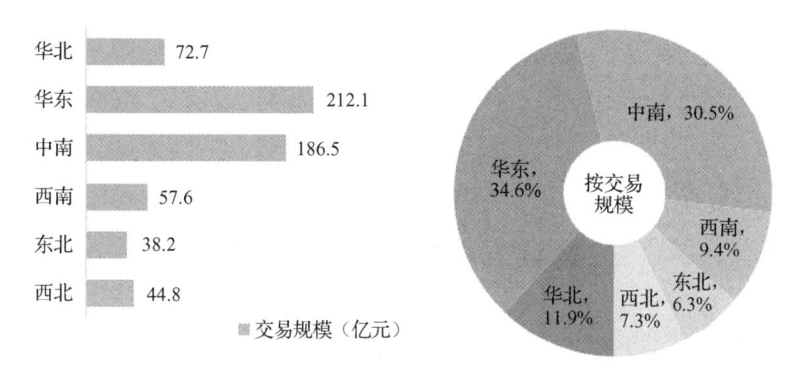

华北 72.7
华东 212.1
中南 186.5
西南 57.6
东北 38.2
西北 44.8
■ 交易规模(亿元)

按交易规模:
中南,30.5%
华东,34.6%
西南,9.4%
东北,6.3%
西北,7.3%
华北,11.9%

图4-11 2020年中国工程机械市场工业车辆产品交易规模区域结构
数据来源:赛迪顾问,2021年2月

2020年,华东区域在中国工程机械市场桩工机械产品占比最大,达28.0%,交易规模为76.9亿元,中南区域排第二名,交易规模达68.7亿元,占比为25.0%,东北区域排名最后,交易规模为16.5亿元,占比为6.0%(见图4-12)。

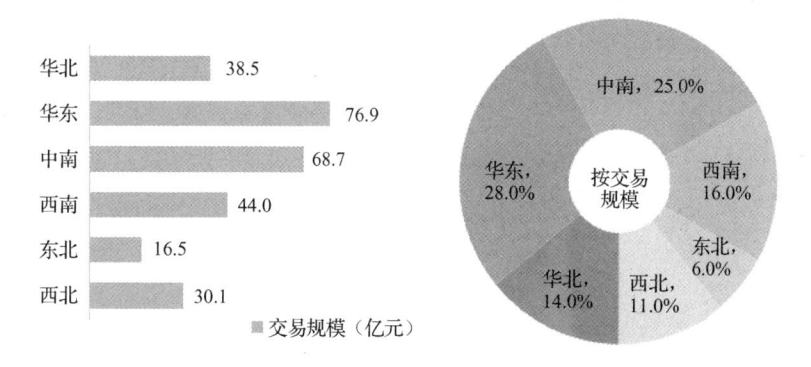

华北 38.5
华东 76.9
中南 68.7
西南 44.0
东北 16.5
西北 30.1
■ 交易规模(亿元)

按交易规模:
中南,25.0%
华东,28.0%
西南,16.0%
东北,6.0%
西北,11.0%
华北,14.0%

图4-12 2020年中国工程机械市场桩工机械产品交易规模区域结构
数据来源:赛迪顾问,2021年2月

2020年,华东、中南区域是中国工程机械市场掘进机械产品的主要市场,交易规模分别达81.4亿元、68.8亿元,分别占比31.2%、26.4%,华北、西北区域分别排第三、第四名,交易规模分别达46.7亿元、25.4亿元,分别占比 17.8%、9.8%（见图 4-13）。

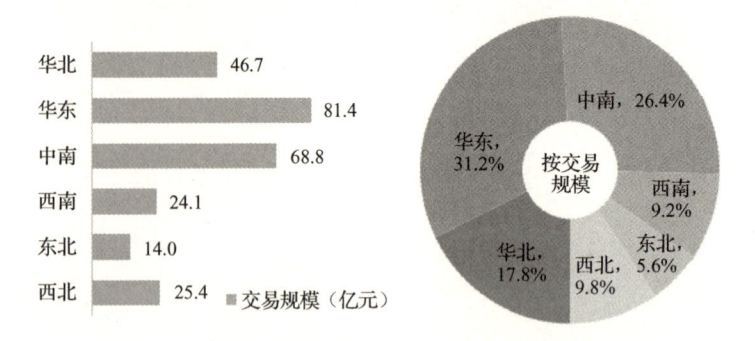

区域	交易规模（亿元）	占比
华北	46.7	17.8%
华东	81.4	31.2%
中南	68.8	26.4%
西南	24.1	9.2%
东北	14.0	5.6%
西北	25.4	9.8%

图 4-13　2020 年中国工程机械市场掘进机械产品交易规模区域结构

数据来源：赛迪顾问，2021 年 2 月

2020 年，华东、中南区域是中国工程机械市场高空作业平台产品的主要市场，交易规模总计达 90.4 亿元，占比为 60.5%，西北区域排名最后，交易规模为 7.0 亿元，占比为 4.7%（见图 4-14）。

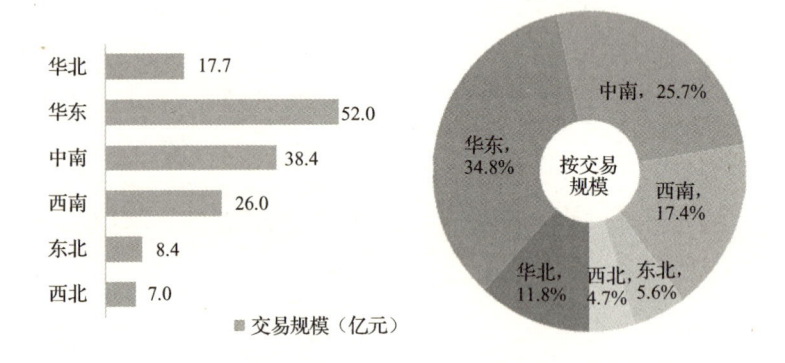

区域	交易规模（亿元）	占比
华北	17.7	11.8%
华东	52.0	34.8%
中南	38.4	25.7%
西南	26.0	17.4%
东北	8.4	5.6%
西北	7.0	4.7%

图 4-14　2020 年中国工程机械市场高空作业平台产品交易规模区域结构

数据来源：赛迪顾问，2021 年 2 月

2020 年，华东、中南区域是中国工程机械市场路面与压实产品的主要市场，交易规模分别达 24.9 亿元、21.1 亿元，分别占比 31.1%、26.3%，西南、西北区域分列第三、第四名，交易规模分别达 14.3 亿元、7.8 亿元，分别占比 17.5%、10.2%（见图 4-15）。

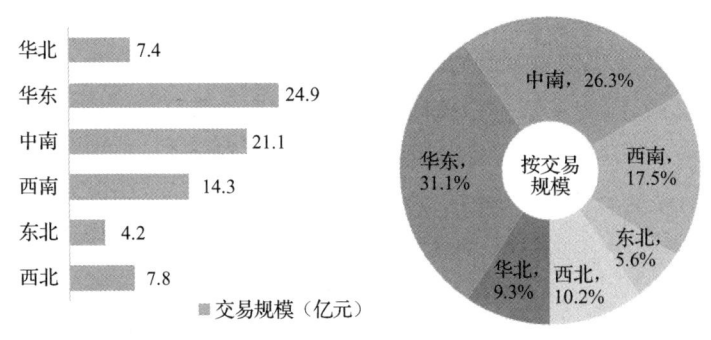

区域	交易规模（亿元）
华北	7.4
华东	24.9
中南	21.1
西南	14.3
东北	4.2
西北	7.8

按交易规模：
- 中南：26.3%
- 华东：31.1%
- 西南：17.5%
- 东北：5.6%
- 西北：10.2%
- 华北：9.3%

图 4-15　2020 年中国工程机械市场路面与压实产品交易规模机械区域结构

数据来源：赛迪顾问，2021 年 2 月

第三节　产业链分析

工程机械产业的研究对象主要是土石方施工工程、路面建设与养护、工业车辆、流动式起重装卸作业和各种建筑工程所需的综合性机械化施工机械装备，从轨道交通产业链环节来看，主要包括工程机械配套设备及零部件、整机/整车制造及运维服务市场三大环节。如图 4-16 所示为工程机械产业链图。

工程机械产业上游零部件主要包括动力系统、液压系统、行走系统、控制系统、工作装置、车身配套等。目前，工程机械设备中的核心零部件主要来自外资品牌，国产品牌的市场份额也在提升。虽然 2020 年新冠肺炎疫情对全球工程机械市场造成冲击，但为国产核心零部件厂商提供了提升国内市场份额的机遇。海外新冠肺炎疫情控制不力，在很大程度上影响了国内主机厂核心零部件的稳定供应，在下游市场需求稳定增长的形势下，经历过短期冲击之后，国内主机厂为降低成本、稳定供应链，或将选择核心零部件国产化。

工程机械产业中游整机制造主要包括土方工程机械、石方工程机械、工程起重机械、混凝土机械、工业车辆、桩工机械、市政与环卫机械、城市维护机械等。2020 年第一季度，受新冠肺炎疫情影响，工程机械中游整机制造出现大幅下滑，自 2020 年 3 月底开始，全国各地复工复产逐步加快，各类工程机械产品需求不断增加，产品销量持续上升，挖掘机、起重机等主要工程机械产品连续多月出现量价齐升的态势，其中，土方工程机械中挖掘机持续火爆，全年销售 32.7 万台，同比增长 38.9%。

图 4-16 工程机械产业链图

数据来源：赛迪顾问，2021 年 2 月

工程机械产业下游运维、服务主要包括后市场服务、设备维护等。在中国工程机械下游领域里，主要有制造商和品牌代理商、零部件供应商、小型配件店和修理厂等参与主体，构成目前国内工程机械下游产业核心生态圈。在设备维护方面，维修和配件潜力与新设备价格之比几乎达到1∶1，设备维护相关产业规模超千亿元；在后市场服务方面，二手设备、再制造、研发设计和租赁规模超万亿元，工程机械后市场已经变成行业一个不容忽视的业务板块。未来，工程机械产业链下游后市场服务及设备维护将成为工程机械设备主机厂和代理商实现服务溢价的重要环节。

第四节 存在的问题

一、核心零部件技术积累仍有欠缺，制约工程机械产业创新

整体来看，我国在挖掘机械、混凝土机械、起重机械等部分重点领域已实现突破，部分产品达到世界先进水平。与此同时，我国仍然存在关键技术积累薄弱等突出问题。具体来看，在关键技术积累方面，我国在液压元器件、传感器、发动机、变速箱、减速器、电控装置、芯片等关键部件与零部件领域的基础技术工艺和基础材料加工技术发展水平相对薄弱，产品安全性、可靠性和使用寿命与国外差距明显，基础工业技术对工程机械整机产品的支撑有待加强。

二、技术人才基础有待加强，核心技术突破能力有待提升

我国工程机械起步较晚，大部分的国产品牌主要还是以快速发展为主，追求效益和利润的最大化，对于人才培养与技术开发重视程度不足，特别是在动力系统、液压、电控、传动系统、机械部件等核心零部件制造及技术研究方面，存在支撑能力不足的突出问题。同时，工程机械行业具有市场准入门槛和技术壁垒高等特点，头部企业具有更多资源吸引行业技术人才进行核心技术研发，因此导致我国工程机械技术研发人才在龙头企业高度集中，中小型企业人才支撑存在不足。

三、市场集中度增高、竞争升级，同质化竞争问题凸显

中国工程机械行业内竞争格局持续调整，市场逐渐向规模大、实力强的行业龙头企业靠拢。龙头企业凭借其技术优势、优异的供应链体系、快速的

市场反应能力和完善的销售、服务网络迅速占领市场，行业市场集中度大幅升高。同时，工程机械部分行业领域中出现恶性竞争、价格战等情况，使市场竞争秩序、行业发展生态受到一定程度的影响。工程机械企业在行业内如何形成错位与协同发展，是当前急需解决的问题。

第五节 措施建议

一、鼓励技术自主创新，积极建设共性技术平台

加强共性技术平台建设是提升企业技术创新能力的重要举措，各地方政府应鼓励企业特别是大型领军企业，发挥政产学研力量，联合上下游企业，通过重组、合作、共享等方式，共同组建共性技术平台。同时，发挥政府引导作用，支持研发实力较强的高校和科研院所、企业等共同发起建设一批液压元器件、传感器、发动机、变速箱、减速器、电控装置、芯片等关键部件的共性技术研发机构。发挥行业协会、学会、联盟等社会组织作用，引导企业和其他社会资金投入，开展长期制约工程机械行业高质量发展的共性技术攻关。

二、强化工程机械人才培育，为产业发展注入创新动力

各地政府应通过产业集聚发展，打造新技术新产业的策源地、创新发展的辐射源，在更大范围集聚"高精尖缺"人才，建立"以产育才"培养机制，完善产教融合机制。同时，充分发挥政府平台的组织和协调作用，引导高校院所、企业、国家公共服务平台等协调合作，积极搭建工程机械技术人才培育平台，建立完善的人才培训体系，为工程机械人才队伍建设提供保障。

三、支持企业智能化升级服务化转型，挖掘全新业务增长点

在新一代信息技术与先进制造技术融合、先进制造业与现代服务业深度融合的背景下，工程机械企业智能化升级、服务化转型将成为差异化竞争的关键要素。具体来看，一方面，龙头企业通过混改、定向增发、优化投融资工具等方式加速布局高端环节服务化，将会带动行业内更多企业进行服务型制造升级，以此提高产品服务能力和市场地位；另一方面，依托新一代信息技术的支撑，着力推动工程机械与工业互联网协同创新，整合各方优势资源，形成跨领域、网络化的协同创新平台，在提质增效的同时，不断拓展工程机械服务领域，延伸产业链条。

第五章

工业机器视觉

2020年,中国工业机器视觉市场实现了大幅增长,市场交易规模达到215亿元。从产品结构来看,视觉装备及方案产品在所有产品中的占比最大;从行业应用来看,消费电子、半导体和汽车行业为工业机器视觉的主要应用行业;从区域分布来看,工业机器视觉客户主要集中在华东、中南和华北区域。赛迪顾问认为,在视觉装备及应用市场需求大幅增长的带动下,以边缘智能为远景的智能工业相机将是工业机器视觉的发展趋势。与基于PC的视觉解决方案不同,智能工业相机将成为工业互联网整体架构中的重要边缘侧终端设备,并通过边云协同的方式实现工厂级自动化的智能需求。2020年,在零部件领域,奥普特成功上市并成为市值最高的工业机器视觉企业;在装备领域,天准科技实现了将近80%的营业收入增长。预计到2023年,工业机器视觉市场交易规模将接近500亿元。

第一节 全球发展综述

一、全球制造业持续复苏拉动工业机器视觉市场稳步增长

2020年工业机器视觉国际领先企业基恩士和康耐视的营业收入均达到历史峰值,带动全球工业机器视觉市场大幅增长。相较于2019年,半导体行业的需求有较为明显的下滑。消费电子和汽车制造的需求在一定程度上弥补了汽车行业需求的不足,成为2020年工业机器视觉需求的主要增长来源。其中,物流行业在2020年增长较快,成为拉动全球工业机器视觉市场增长的主要下游行业。中国制造业在新冠肺炎疫情中恢复较快,为全球工业机器视觉市场的快速增长做出了突出贡献。如图5-1所示为2018—2020年全球

工业机器视觉市场交易规模与增长率。

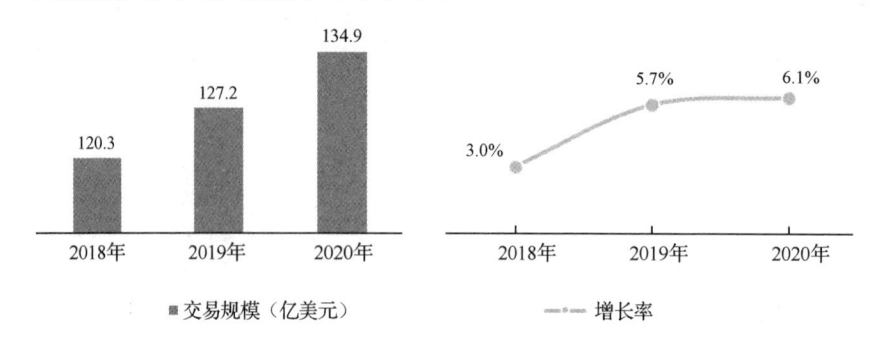

图 5-1　2018—2020 年全球工业机器视觉市场交易规模与增长率
数据来源：赛迪顾问，2021 年 2 月

二、视觉装备及方案在市场交易规模中占比最大

2020 年，视觉装备及方案在全球工业机器视觉市场交易规模中占比最大，达 102.0 亿美元，占比达 72.2%；其次是工业镜头，交易规模达 21.6 亿美元，占比达 15.3%；再次是工业相机，交易规模达 11.5 亿美元，占比达 8.2%（见图 5-2）。在工业机器视觉不断发展的过程中，部分智能工业相机供应商和光源系统供应商逐渐向视觉装备及方案方向转型，导致视觉装备及方案细分领域占比逐渐攀升（见表 5-1）。

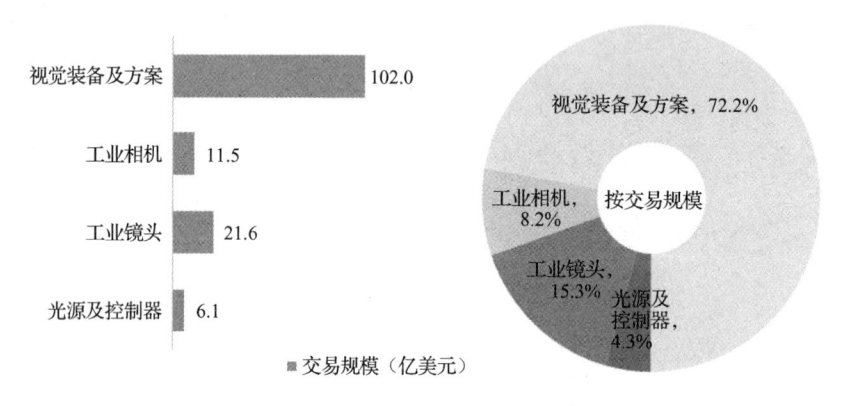

图 5-2　2020 年全球工业机器视觉市场产品交易规模结构
数据来源：赛迪顾问，2021 年 2 月

表 5-1　2020 年全球工业机器视觉市场销售情况

工业机器视觉细分产品	2019 年销售额（亿美元）	2020 年销售额（亿美元）	同比增长（%）	2020 年销售额占比（%）
视觉装备及方案	96.0	102.0	1.1	72.2
工业相机	10.3	11.5	11.7	8.2
工业镜头	20.8	21.6	3.8	15.3
光源及控制器	6.1	6.1	3.8	4.3

数据来源：赛迪顾问，2021 年 2 月。

三、亚洲市场仍占据主导地位

日本工业自动化水平处于全球领先的地位，因此对工业机器视觉的需求占比较高，2020 年日本工业机器视觉市场占据全球 51.1% 的市场份额。但受新冠肺炎疫情影响，日本国内工业复苏较慢，未来增速不可预测。以英国、德国、法国等为代表的欧洲地区占据了 19.4% 的市场份额，2020 年增速有所提升，但仍低于全球平均水平。2020 年美国占比为 19.5%，增速小幅上升，但仍低于亚太地区。以中国、印度为代表的亚太地区工业机器视觉市场高速增长，2020 年亚太地区（除日本外）工业机器视觉市场占全球 30.3% 的市场份额，保持快速增长（见图 5-3）。

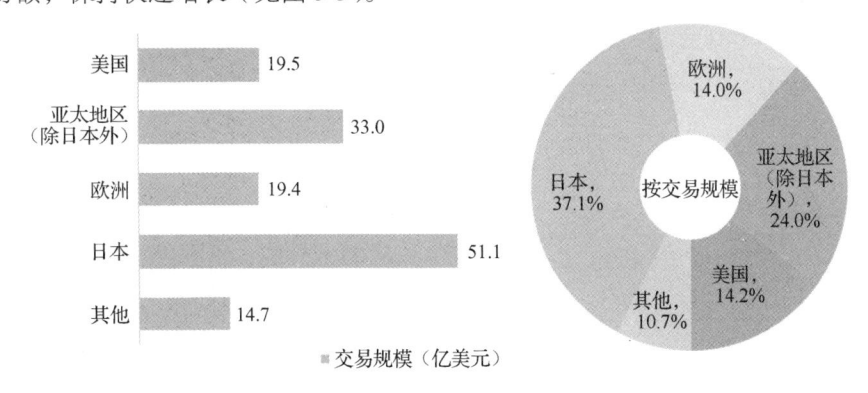

图 5-3　2020 年全球工业机器视觉市场交易规模区域结构

数据来源：赛迪顾问，2021 年 2 月

四、基恩士、康耐视引领全球市场竞争

日本基恩士作为全球工业机器视觉第一龙头，在全球占据最大的市场份额，是工业机器视觉领域无可争议的市场"领头羊"。2020 年收入达 45.7 亿

美元，曾经被誉为"日本最赚钱的企业"（连续 5 年利润率达 50%以上）。

紧跟其后的是美国康耐视，其 2020 年工业机器视觉收入超过 8 亿美元，在全球市场排第二名。与基恩士不同，康耐视的产品范围仅限于工业机器视觉产品，在其他传感器领域涉足较少。作为全球工业机器视觉领域的领导者之一，康耐视潜心研究多年，开发出覆盖 2D/3D 的智能工业相机、视觉传感器及视觉软件、读码器和校验器等工业 ID 产品。

处于工业机器视觉市场第二梯队的有伊斯拉视像(ISRA VISION)、巴斯勒（BASLER）、腾龙、CCS、奥普特、天准科技等。在第二梯队中，伊斯拉视像和天准科技是相对较为综合的系统解决方案供应商。伊斯拉视像基于其工业质检技术在印刷行业具有较高知名度，天准科技则借助于为苹果电子产品生产线提供检测服务而在国内工业质检领域有较高市场份额。巴斯勒、腾龙、CCS、奥普特均以工业机器视觉零部件为其主要产品，巴斯勒的工业相机畅销全球，腾龙工业镜头是高端工业视觉系统的首选，CCS 和奥普特均以光源及控制器为主要产品。较低的人员成本和较为灵活的产品体系使奥普特在国内的市场份额逐渐超过 CCS，成为国内最大的光源及控制器供应商；但高端光源仍以 CCS 市场占有率最高。

凌云光、大恒图像、矩子科技、华兴源创、民德电子、海康机器人、华睿科技等国内工业机器视觉企业处于云服务市场的第三梯队。凌云光和大恒图像、矩子科技、海康机器人、华睿科技均为专业工业机器视觉供应商，而华兴源创、民德电子以工业自动化服务为主，其核心产品依赖工业机器视觉解决方案（见表 5-2）。

表 5-2　2020 年全球工业机器视觉市场排名

排名	企业名称	国家	销售额（亿美元）	销售额占比（%）
1	基恩士	日本	45.7	33.8
2	康耐视	美国	8.1	6.0
3	伊斯拉视像	瑞士	1.5	1.1
4	巴斯勒	德国	1.9	1.4
5	腾龙	日本	4.5	3.3
6	CCS	日本	3.3	2.4
7	天准科技	中国	1.3	1.0
8	奥普特	中国	1.0	0.7

续表

排名	企业名称	国家	销售额（亿美元）	销售额占比（%）
9	大恒图像	中国	3.3	2.4
10	矩子科技	中国	0.7	0.5

数据来源：赛迪顾问，2021年2月。

第二节　中国发展情况

一、2020年中国工业机器视觉市场高速增长

2020年，受新冠肺炎疫情影响，全球制造业持续走低。在中国政府大力支持和正确引导下，中国制造业企业率先复工复产，成为中国乃至全球医疗物资的重要生产基地。同时，工程机械、新能源电池、汽车制造、半导体制造等顺周期行业在2020年保持了较高的增速，对工业机器视觉保持了较高的市场需求。2020年，中国工业机器视觉市场规模突破200亿元，成为全球除日本外工业机器视觉最大的市场（见图5-4）。

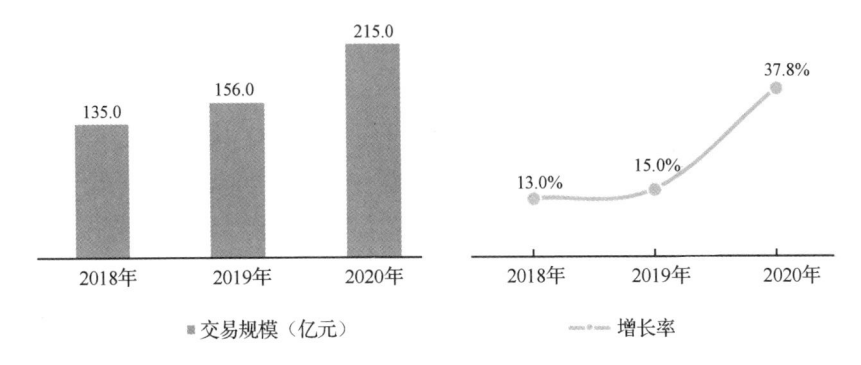

图5-4　2018—2020年中国工业机器视觉市场交易规模及增长率

数据来源：赛迪顾问，2021年2月

二、视觉装备及方案占据市场主要份额

根据客户的不同需求，工业机器视觉的产品通常包括灵活多变的交付方式，如以工业相机、工业镜头及光源自由组合的工业视觉产品，以及以检测设备、视觉引导方案等打包出售的视觉装备及方案。在这些不同的产品结构中，视觉装备的销量最少，但单价最高，占销售额的较大比例。近年来，由于众多零部件生产企业转型以智能制造解决方案形式出售工业机器视觉方

案，工业相机、工业镜头、光源等零部件销售额增速较慢（见表5-3和图5-5）。

表5-3　2020年中国工业机器视觉市场产品销售结构

工业机器视觉细分产品	销售额（亿元）	增长率（%）
视觉装备及方案	139.9	62.6
工业相机	32.7	17.6
工业镜头	31.3	5.4
光源及控制器	11.1	4.5
合计	215	37.8

数据来源：赛迪顾问，2020年4月。

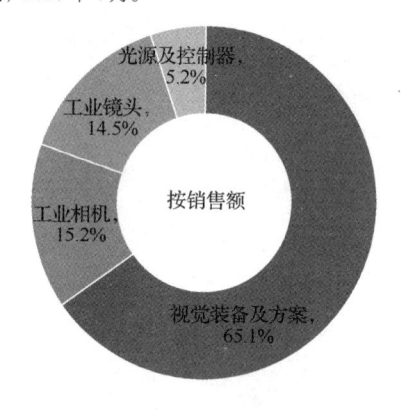

图5-5　2020年中国工业机器视觉市场产品销售结构

按销售额
- 光源及控制器，5.2%
- 工业镜头，14.5%
- 工业相机，15.2%
- 视觉装备及方案，65.1%

数据来源：赛迪顾问，2021年2月

三、华北、华东和中南稳居工业机器视觉计算区域市场三甲

工业机器视觉的交易规模主要与该区域的工业发达程度相关，对于制造业而言，区域内企业的工业自动化水平、产品生产良率、关键数控化率均是影响工业机器视觉产品销售的重要因素。2020年，华北、华东和中南三大区域是中国工业机器视觉市场发展最领先的区域，市场总体交易规模仍占据全国的领先位置，市场增速也较西部区域更快（见表5-4和图5-6）。

表5-4　2020年中国工业机器视觉市场区域结构

区　　域	销售额（亿元）	增长率（%）
华北	47.8	38.2
华东	85.2	45.2

续表

区　域	销售额（亿元）	增长率（%）
中南	52.3	35.5
西南	19.5	27.6
东北	3.3	12.0
西北	6.0	13.0
合计	214.1	37.0

数据来源：赛迪顾问，2021年2月。

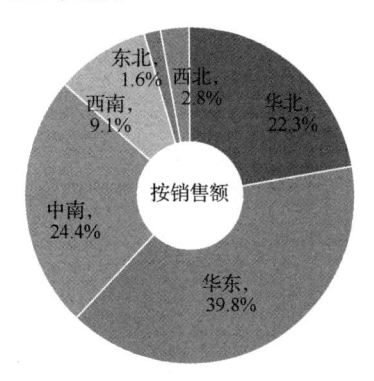

图 5-6　2020 年中国工业机器视觉市场区域结构

数据来源：赛迪顾问，2021年2月

四、消费电子仍是工业机器视觉主要应用行业

从行业结构分布来看，2020 年消费电子行业仍是收入占比最大的行业市场，增长的最大贡献来源于汽车和半导体领域的分拣、引导和检测的需求（见表 5-5 和图 5-7）。

表 5-5　2020 年中国工业机器视觉市场行业结构

行业类别	销售额（亿元）	增长率（%）
消费电子	75.3	25.4
半导体	49.5	33.1
汽车	56.0	46.6
物流	17.2	27.6
包装	8.6	16.4

续表

行业类别	销售额（亿元）	增长率（%）
其他	8.6	22.8
合计	215.2	37.0

数据来源：赛迪顾问，2021 年 2 月。

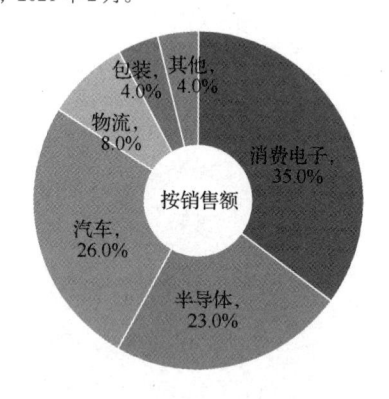

图 5-7　2020 年中国工业机器视觉市场行业结构

数据来源：赛迪顾问，2021 年 2 月

第三节　产业链分析

工业机器视觉产业属于新兴的融合产业，涉及 LED 光源、光学镜片、工业相机图像采集卡和工业视觉装备等多个产业。从产业环节来看，可以分为上游零部件、中游软件与解决方案以及下游装备与应用三个环节（见图 5-8）。

一、零部件

构成工业机器视觉系统的四种核心零部件是光源、工业镜头、工业相机、工业板卡。光源是工业机器视觉中必不可少的零部件之一，其在工业机器视觉中的作用主要包括照亮目标、突出特征，行程有利于图像处理的效果；降低环境光干扰，保证图像稳定性；用作测量的工具或参照物。工业镜头相比于普通光学镜头要求更小的光学畸变、足够高的光学分辨率以及更丰富的光谱响应选择，以满足不同场合视觉系统的应用需求，是工业机器视觉中成像的关键。工业相机是工业机器视觉的图像采集单元，作用是将通过镜头的光线聚集于像平面，从而生成图像，其最本质的功能是将光信号转变为有序的电信号。工业板卡主要包括图像采集卡和人工智能加速卡，前者的主要作用是将工业相机输出的电信号输入工业计算机并存储在硬盘或云端；后者的作用主要是在工业计算机中进行图像处理和人工智能计算时提供速度提升方案。2020年，在零部件环节中人工智能加速卡有较为明显的发展，多个厂家从人工智能加速卡领域切入工业机器视觉产业。

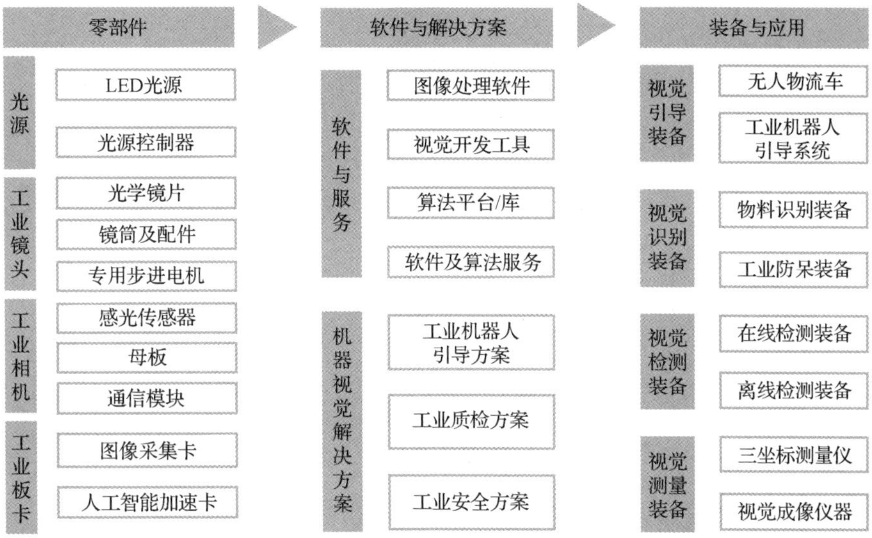

零部件		软件与解决方案		装备与应用	
光源	LED光源	软件与服务	图像处理软件	视觉引导装备	无人物流车
	光源控制器		视觉开发工具		工业机器人引导系统
工业镜头	光学镜片		算法平台/库	视觉识别装备	物料识别装备
	镜筒及配件		软件及算法服务		工业防呆装备
	专用步进电机				
工业相机	感光传感器	机器视觉解决方案	工业机器人引导方案	视觉检测装备	在线检测装备
	母板				离线检测装备
	通信模块		工业质检方案	视觉测量装备	三坐标测量仪
工业板卡	图像采集卡		工业安全方案		视觉成像仪器
	人工智能加速卡				

图 5-8　工业机器视觉产业链全景图

数据来源：赛迪顾问，2021年2月

二、软件与解决方案

工业机器视觉软件通常是指利用特定的视觉相关的算法，实现对图像分割、提取、识别和判断等功能的计算程序，通常被安装在上位机或内嵌至工业母板中，并具备人机交互的功能。机器视觉算法的本质是基于图像分析的计算机视觉技术，通过对获取图像的分析为进一步的决策提供所需的信息。工业机器视觉解决方案通常是指针对垂直应用场景的具体方案，包括光源、镜头、相机及板卡的选型和调配。2020年，工业机器视觉软件产业中增加了算法平台服务产业，与海克斯康等机器视觉专业软件不同，阿丘科技等算法平台服务商以云化的服务为主，用云化的算法加速方案为客户实现更快速、更经济的开发环境。

三、装备与应用

工业视觉装备是指通过机器视觉技术解决以往需要人眼进行的工业零部件的尺寸与缺陷检测等重复性劳动的装备，包括定位、引导、识别和检测等主要功能。工业视觉装备通常包括了工业机器视觉常见的零部件和软件，以及特定应用场景所必需的配件和固定装置。工业机器视觉应用主要是指工业机器人、智能制造解决方案、在线质检方案等用于提高工业生产柔性化和智能化程度的应用方案。

第四节 存在的问题

一、工业机器视觉缺乏行业标准

从图像处理到人工智能算法，工业机器视觉的发展一直都处于以需求为引导、以解决工业实际问题为目标的发展模式。在高速增长的需求环境中，这样的模式并不会起到明显的阻碍作用。但是，当行业发展逐渐稳定，部分细分领域竞争加剧的时候，行业标准或企业标准能够起到稳定市场、促进行业内部良性循环的作用。因此，急需对工业机器视觉零部件、软硬产品形成相关的行业标准，以提高产品的生产效率，提高企业赢利能力。

二、视觉算法产品与工业需求相差较大

工业机器视觉产品所用到的算法和软件的开发大多由人工智能从业人员来完成，通过产品销售或提供服务的形式面向终端用户。而工业机器视觉的终端用户多以企业的工程师为主，大多缺乏计算机视觉技术的系统学习，同时又需要借助机器视觉实现较为复杂的工业应用。因此，工业机器视觉的终端用户需要通过大量对图像处理算法的学习才能实现机器视觉在工业中的应用。而对于更加高效算法的更新迭代，只能寄希望于机器视觉服务团队进行系统升级。

三、核心零部件研发投入不足

目前，各类工业机器视觉企业的研发集中于对软件、算法和解决方案等基础较好、比较容易突破的部分，但是对于智能工业相机、高端工业镜头等

高技术壁垒的产品往往缺乏有力的研发投入。造成这种现象的原因一方面是由于我国软件和算法工程师在视觉算法领域开发经验丰富、拥有较大的优势，促使企业有增强长板的意愿；另一方面是由于在短板领域与竞争对手差距较大，短期内投入无法转变为产品收益，而工业机器视觉行业又处于发展初期，激烈的竞争让企业难以在战略性研发上投入过多。

第五节　措施建议

一、建议加强顶层设计，补足产业链短板

工业机器视觉产业发展较为零散，零部件、软件、硬件涉及多种产业的协同发展，核心零部件短板较为明显。建议加强工业机器视觉产业顶层设计，制定工业机器视觉产业发展规划和指南，同时将工业机器视觉装备纳入首套支持范围，在国家级专精特新"小巨人"企业中重点支持工业机器视觉产品生产企业。建议支持工业机器视觉需求集中区域打造产业集群，鼓励有条件的区域首先开展工业机器视觉产业集群建设，打造工业机器视觉产业链、供应链和创新链，逐步形成上下游产业配套体系。

二、建议扩大资金支持，以产品为导向支持多主体联合研发

建议组建工业机器视觉产业发展基金，通过社会资本的导入不断提高研发投入。针对工业机器视觉产品研发周期长、市场竞争激烈等特点定制特殊贷款机制，以知识产权抵押等创新模式支持工业机器视觉研发。建立工业机器视觉共性技术研发平台，通过平台协调财政资源、高端人才及企业研发团队通力突破共性技术研发。建立工业机器视觉联合孵化中心，通过联合孵化中心发挥终端用户、创业团队、主要龙头企业和金融机构的协同研发与产业孵化。鼓励终端用户提出需求及原创性方案，创业团队实现样机研发，主要龙头企业联合金融机构实现规模化生产和市场化推广。

三、建议完善技术人员激励政策，激发创新积极性

工业机器视觉是技术密集型产业，需要大量产品设计、软硬件开发和现场技术人员的共同参与。建议针对工业机器视觉的核心硬件、软件开发人员引进特殊人才开辟绿色通道，在社保、住房、落户等方便提供便利政策。建

议设计正向激励的科研人员考核机制，灵活设置工业机器视觉相关科研人员考核机制和自然科学基金验收机制，将工业机器视觉产品作为科研成果纳入仪器研发人员的考核体系，将产品销售和企业盈利与设计、研发人员的薪资水平高度绑定，在保证基本待遇的前提下尽可能满足其对于物质生活的基本诉求。

第六章 机器人

机器人是智能制造的核心装备之一、是特殊应用场景替代人工劳动力的重要方式之一,其发展水平已成为体现制造业智能化水平的重要标志。近年来,在制造业和医疗服务各行业中使用机器人替代人工劳动力的趋势日益显著。同时,随着发达国家工业化战略的深入实施,全球制造业发展格局正在加速重构,我国制造业以往追求低成本、大规模制造的粗放式发展模式难以为继,亟待通过工业机器人等智能装备的应用来提高制造业的生产效率和生产质量。现阶段,机器人已成为我国深入实施智能制造和绿色制造工程、推动制造业高端化智能化绿色化的重要抓手和载体。

第一节 全球发展综述

一、全球机器人产业规模持续增长

2020 年,受全球新冠肺炎疫情的影响,全球机器人市场交易规模保持增长态势,其中服务机器人全面发力,工业机器人市场增速回落,人工智能与智能传感技术不断深入,欧美部分地区市场出现负增长,中国仍为最活跃市场,机器人"四大家族"市场主导地位依旧稳固。2020 年,全球机器人市场交易规模持续增长,达 344 亿美元,受服务机器人市场上扬影响,全球机器人市场交易规模增速有所回升,增长率为 12.1%(见图 6-1)。

二、工业机器人市场占比有所降低

2020 年,全球服务机器人市场交易规模为 204 亿美元,占整体机器人市场规模的 59.3%,所占比例不断提高;全球工业机器人市场交易规模为 140 亿美元,占比为 40.7%,占比持续降低(见图 6-2)。

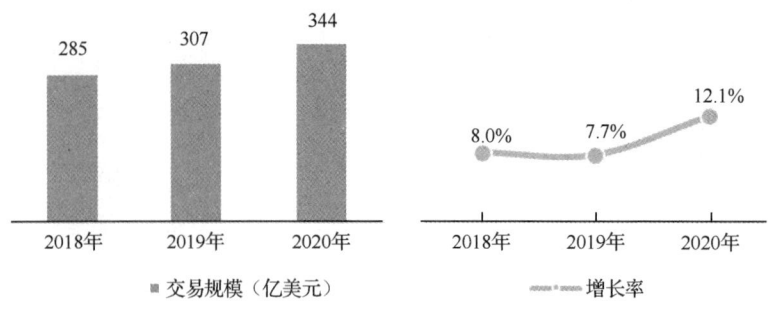

图 6-1　2018—2020 年全球机器人市场交易规模与增长率

数据来源：赛迪顾问，2021 年 2 月

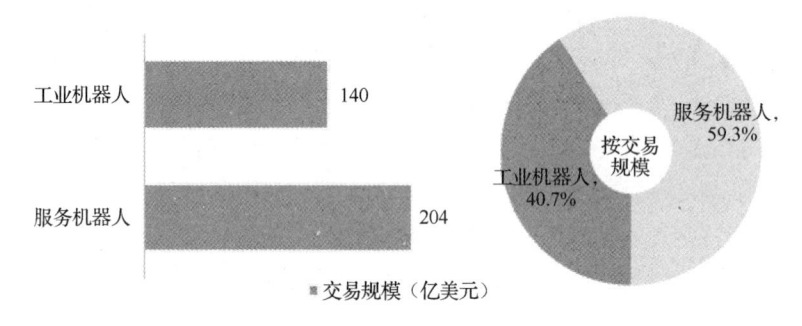

图 6-2　2020 年全球机器人市场交易规模类型结构

数据来源：赛迪顾问，2021 年 2 月

三、亚太地区是最活跃的机器人销售市场

从全球地区发展来看，亚太地区是最活跃的机器人销售市场，占全球市场份额为 62.1%；其次是欧洲地区和北美地区，分别占比 19.2% 和 17.1%（见图 6-3）。

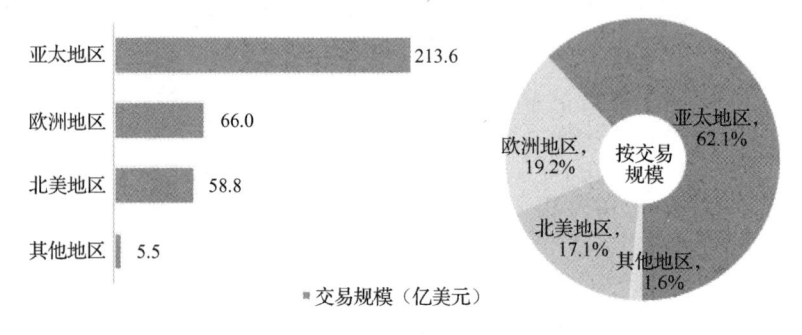

图 6-3　2020 年全球机器人产业市场交易规模区域结构

数据来源：赛迪顾问，2021 年 2 月

四、"5G+机器人"和"AI+机器人"是重要技术竞争点

5G 技术凭借其超高带宽、超低时延、超大规模连接的特性及优势,通过与人工智能、云计算、物联网等新一代信息技术相结合推动制造业加速数字化、网络化、智能化升级,为机器人行业带来新的机遇。2020 年,5G 工业机器人首次亮相新疆电网史上规模最大特高压"全面体检";第四代人工智能配网带电作业机器人投入使用;云知声聪聪 AI 陪伴教育机器人上市。2021 年 1—3 月,联通 5G 助力日照成功完成首例远程机器人腹腔镜手术;中兴通讯携手电信打造首个"SICU 5G + 医疗机器人"探视应用;超维科技推动巡检机器人进入 5G 新时代。

五、"四大家族"仍占据市场主导地位

全球范围内,机器人巨头企业主要集中在日本、欧洲等工业发达地区,日本的发那科(FANUC)、安川电机(YASKAWA)、瑞士的 ABB 和德国的库卡(KUKA)是工业机器人的"四大家族"(见表 6-1)。其中,ABB 市场占比最高,2020 年其机器人业务销售额高达 28.7 亿美元,占"四大家族"规模之和的 37.8%。除此之外,国际领先企业还包括日本的那智(NACHI)不二越、川崎(Kawasaki)、松下(Panasonic)、爱普生(DENSOEPSON),瑞士的史陶比尔(Staubli),意大利的柯马(COMAU)等。近年来,中国、韩国也在不断发力,新松、现代重工等企业影响力不断增强。整体来看,"四大家族"市场主导地位依旧稳固,合计交易规模达到 76.1 亿美元,占全球工业机器人市场份额为 54.3%。

表 6-1　2020 年机器人"四大家族"业务情况

排　名	企业名称	国　家	交易规模(亿美元)	交易规模占比(%)
1	ABB	瑞士	28.7	37.8
2	发那科	日本	18.6	24.4
3	安川电机	日本	16.5	21.6
4	库卡	德国	12.3	16.2

数据来源:赛迪顾问,2021 年 2 月。

第二节 中国发展概况

一、多方政策出台助推机器人产业蓬勃发展

近 3 年来，国家围绕机器人、智能装备及人工智能等相关产业出台了多个指导性政策，从顶层规划的角度明确了未来中国机器人的发展路径、阶段性发展目标和计划。随之，各省（自治区、直辖市）等地方政府迅速跟进，发布多项产业促进政策（见表 6-2）。2019 年，北京市经济和信息化局发布《北京市机器人产业创新发展行动方案（2019—2022 年）》，提出将培育形成以四大类机器人整机加关键零部件为主导的"4+1"发展格局；2020 年，青岛市工业和信息化局、青岛市财政局发布《关于支持机器人产业加快发展若干政策措施的实施细则》，为支持机器人产业加快发展，将采取发展壮大整机及系统集成、加强关键零部件配套、鼓励支持企业上规模规范发展、支持建设产业技术研发平台等政策措施（见表 6-3）。

表 6-2 中国机器人产业促进政策

颁布时间	颁布主体	政策名称
2017 年 5 月	国家标准化管理委员会、国家发展改革委、科技部、工业和信息化部	《国家机器人标准体系建设指南》
2017 年 12 月	工业和信息化部	《促进新一代人工智能产业发展三年行动计划（2018—2020 年）》
2019 年 10 月	工业和信息化部、国家发展改革委等 13 部门	《制造业设计能力提升专项行动计划（2019—2022 年）》

数据来源：有关部门、赛迪顾问，2021 年 2 月。

表 6-3 部分地方机器人产业相关政策

颁布时间	颁布主体	政策名称
2018 年 2 月	河北省制造强省建设领导小组办公室	《河北省加快智能制造发展行动方案》
2018 年 2 月	山西省经济和信息化委员会	《山西省制造业振兴升级专项行动方案》
2018 年 7 月	安徽省人民政府	《安徽省人民政府关于印发支持机器人产业发展若干政策的通知》
2019 年 1 月	河南省人民政府办公厅	《河南省智能装备产业发展行动方案》
2019 年 4 月	重庆市人民政府	《重庆市推动制造业高质量发展专项行动方案（2019—2022 年）》

续表

颁布时间	颁布主体	政策名称
2019年6月	黑龙江省人民政府	《黑龙江省工业强省建设规划（2019—2025年）》
2019年7月	山东省人民政府办公厅	《山东省推进"互联网+医疗健康"示范省建设行动计划（2019—2020年）》
2019年9月	上海市经济和信息化委员会	《关于建设人工智能上海高地 构建一流创新生态的行动方案（2019—2021年）》
2019年12月	北京市经济和信息化局	《北京市机器人产业创新发展行动方案（2019—2022年）》
2020年3月	宁夏回族自治区人民政府办公厅	《关于推动制造业高质量发展的实施方案》
2020年10月	青岛市工业和信息化局、青岛市财政局	《关于支持机器人产业加快发展若干政策措施的实施细则》

数据来源：有关部门、赛迪顾问，2021年2月。

二、中国机器人市场增速呈现反弹趋势

受下游汽车、电子电气、医疗服务等行业回暖影响，2020年中国机器人市场呈持续快速增长态势，市场交易规模达679.3亿元，增长率为15.4%（见图6-4），增速触底反弹；随着人口老龄化程度逐渐加深，市场对家用、医疗等服务机器人的需求日益高涨，服务机器人未来市场前景良好。

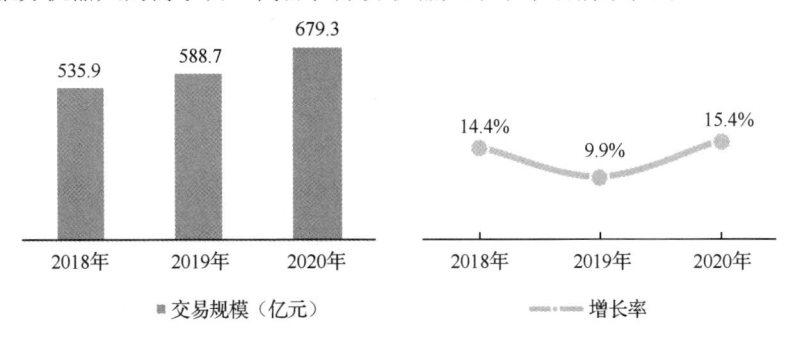

图 6-4　2018—2020年中国机器人市场交易规模与增长率

数据来源：赛迪顾问，2021年2月

三、工业机器人占据市场主要份额

2020年，中国服务机器人市场交易规模为283.8亿元，占整体机器人市场规模的41.8%，所占比例进一步提高，工业机器人市场交易规模为395.5亿元，占比为58.2%（见图6-5）。

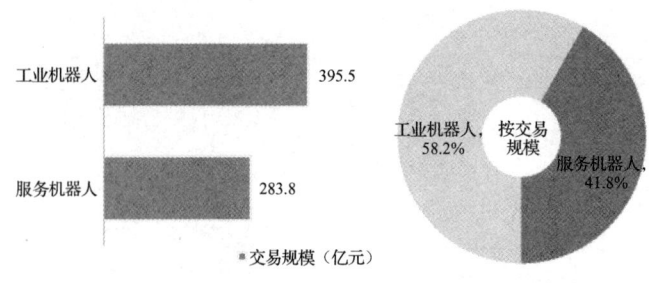

图 6-5 2020 年中国机器人市场交易规模类型结构

数据来源：赛迪顾问，2021 年 2 月

四、广东机器人产业规模占比最高

从省级产业规模分布来看，广东以绝对优势拔得头筹，产业规模为 343.8 亿元，占比为 20.3%，其后是江苏、上海、浙江和北京，前五个省市的产业规模总计 957.2 亿元，占整体比例的 56.5%（见图 6-6）。

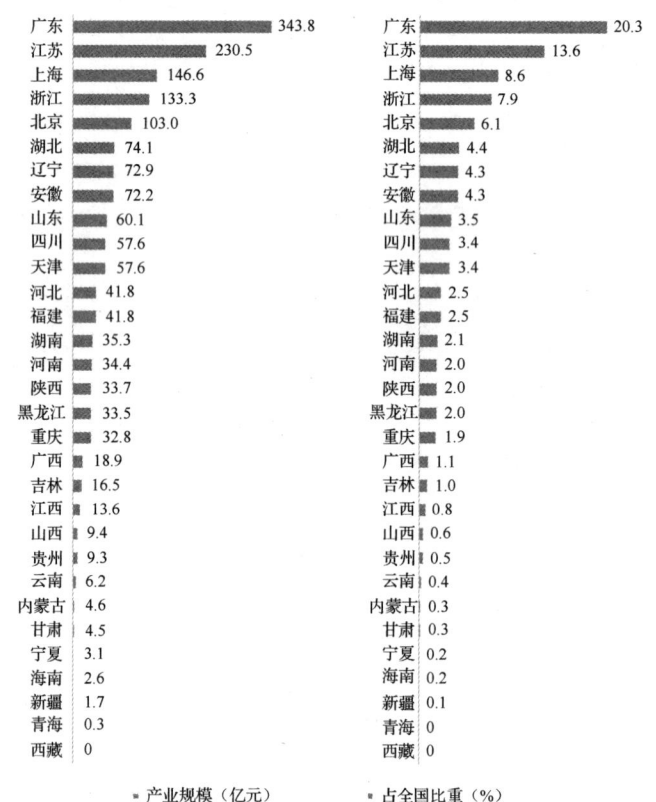

地区	产业规模（亿元）	占全国比重（%）
广东	343.8	20.3
江苏	230.5	13.6
上海	146.6	8.6
浙江	133.3	7.9
北京	103.0	6.1
湖北	74.1	4.4
辽宁	72.9	4.3
安徽	72.2	4.3
山东	60.1	3.5
四川	57.6	3.4
天津	57.6	3.4
河北	41.8	2.5
福建	41.8	2.5
湖南	35.3	2.1
河南	34.4	2.0
陕西	33.7	2.0
黑龙江	33.5	2.0
重庆	32.8	1.9
广西	18.9	1.1
吉林	16.5	1.0
江西	13.6	0.8
山西	9.4	0.6
贵州	9.3	0.5
云南	6.2	0.4
内蒙古	4.6	0.3
甘肃	4.5	0.3
宁夏	3.1	0.2
海南	2.6	0.2
新疆	1.7	0.1
青海	0.3	0
西藏	0	0

图 6-6 2020 年中国机器人产业规模区域结构与占比情况

数据来源：赛迪顾问，2021 年 2 月

第三节　产业链分析

工业机器人产业链主要包括核心零部件、本体制造、系统集成和行业应用四大环节（见图6-7）。核心零部件作为零部件的关键核心部分，决定了工业机器人的使用寿命和精度，同时也是影响工业机器人成本的关键因素，伺服电机、减速器、控制器等核心零部件占据了工业机器人成本的70%以上，零部件的产品质量直接决定了下游机器人的产品性能。本体制造在工业机器人产业价值链中所处地位相对较低，主要是指工业机器人工装夹具、机械臂等机构单元和关节机器人、并联机器人等产品的制造商，是核心零部件和系统集成的中间衔接环节，其供应情况与整个工业机器人市场稳定性关联较大。系统集成与产业链下游行业应用端紧密相连，系统集成解决方案供应商为终端行业应用客户提供自动化生产线解决方案，负责工业机器人应用二次开发和自动化配套设备的集成，存在较高行业壁垒，系统集成环节的技术先进度和产品质量直接决定了下游行业应用市场的渗透率。

服务机器人产业链主要包括关键零部件、软件与操作系统、本体制造与终端应用三大环节（见图6-7）。关键零部件是控制机器人根据环境的变化快速做出准确反应并实现功能的关键，也是影响服务机器人制造成本、性能、质量的主要因素。软件主要包括人机交互模块、运动控制模块、感知模块、人工智能模块，是赋予零部件产品操控功能的主要环节，是决定服务机器人核心竞争力的关键因素之一。本体制造处于产业链中游环节，主要包括家用机器人、公共服务机器人、医疗机器人、特种服务机器人等，是服务机器人产业链的核心产品环节，其产品结构对市场的敏感度高于工业机器人。终端应用处于产业链下游环节，主要面向医疗、家庭、商业等行业服务，提供作业及大数据服务，下游应用场景的复杂性和需求多元化的发展趋势将有效刺激服务机器人全产业链的技术升级和产品优化进程。

一、工业机器人

中国工业机器人产业链逐步完善，已成为全球第三个具备工业机器人完整产业链的国家。2020年，工业机器人零部件产业受新冠肺炎疫情影响有限，继续保持15.2%的高速增长，全年产值达到97.9亿元，有效支撑了工业机器人本体制造需求的高速增长（见图6-8）。

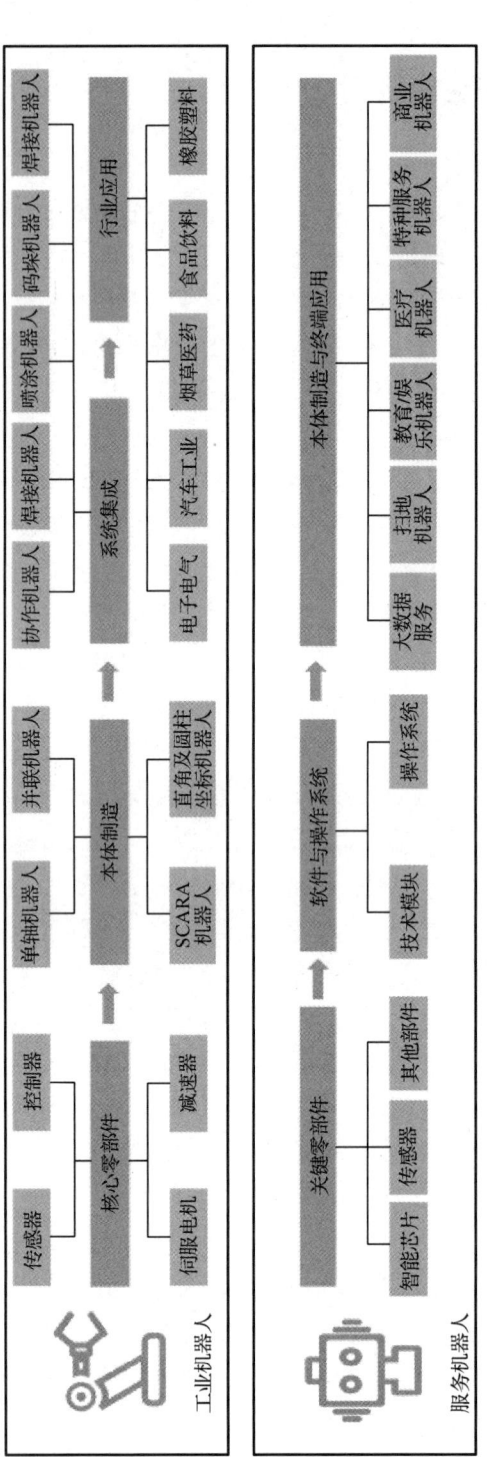

图 6-7 中国机器人产业链图

数据来源：赛迪顾问，2021 年 2 月

工业机器人：
- 核心零部件：传感器、控制器、减速器、伺服电机
- 本体制造：单轴机器人、并联机器人、SCARA 机器人、直角及圆柱坐标机器人
- 系统集成：协作机器人、焊接机器人、喷涂机器人、码垛机器人、焊接机器人
- 行业应用：电子电气、汽车工业、烟草医药、食品饮料、橡胶塑料

服务机器人：
- 关键部件：智能芯片、传感器、其他部件
- 软件与操作系统：技术模块、操作系统
- 本体制造与终端应用：大数据服务、扫地机器人、教育娱乐机器人、医疗机器人、特种服务机器人、商业机器人

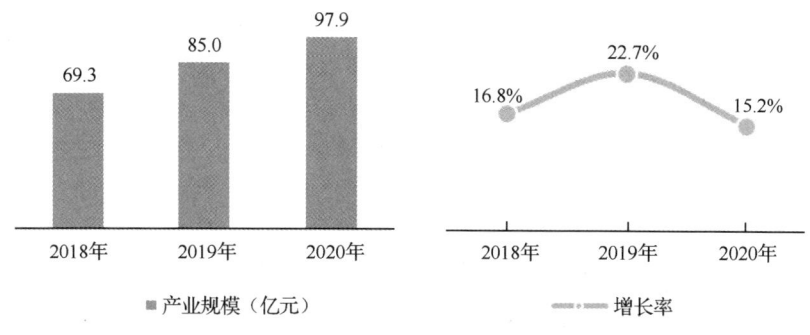

图 6-8　2018—2020 年中国工业机器人零部件产业规模与增长率

数据来源：赛迪顾问，2021 年 2 月

中国工业机器人产业触底反弹，2020 年新兴行业的机器人应用占比继续扩大，应用领域的多元化拓展与产品技术的升级为行业创造了新的发展机遇，全年实现了 326.3 亿元的产业规模及 13.2%的增长率，产品质量也逐步在向国外"四大家族"靠拢（见图 6-9）。

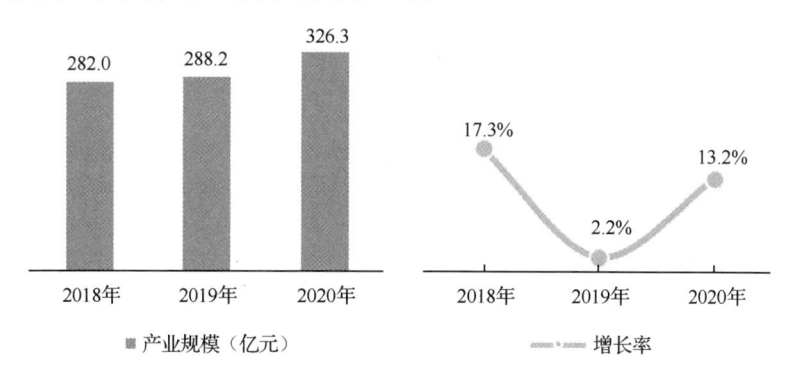

图 6-9　2018—2020 年中国工业机器人本体产业规模与增长率

数据来源：赛迪顾问，2021 年 2 月

新冠肺炎疫情期间电子制造等行业需求旺盛，新老基础建设明显提速，更多企业愿意尝试工业机器人集成应用，机器换人持续推进。中国工业机器人系统集成在 2020 年迎来新一轮增长，实现了 13.2%的增长率和 961.8 亿元的产业规模，有效拉动了上游零部件和本体的产业发展（见图 6-10）。

二、服务机器人

随着齿轮、传感器、驱动器、控制装置等服务机器人零部件产品技术成熟度的稳步提高，以及下游场景特殊需求的多样化程度加深，服务机器人零

部件产业多元化发展进程加快、出货量快速增长。2020 年,服务机器人零部件实现 32.4%的增速,全年产值达到 91.2 亿元(见图 6-11)。软件科学的高速发展也促使服务机器人软件和操作系统的适配性得以增强,有效提升了全产业链上下游间的协同性。

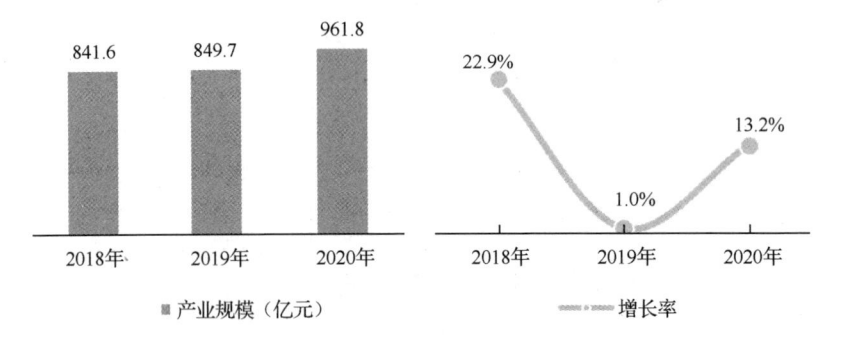

图 6-10　2018—2020 年中国工业机器人系统集成产业规模与增长率
数据来源:赛迪顾问,2021 年 2 月

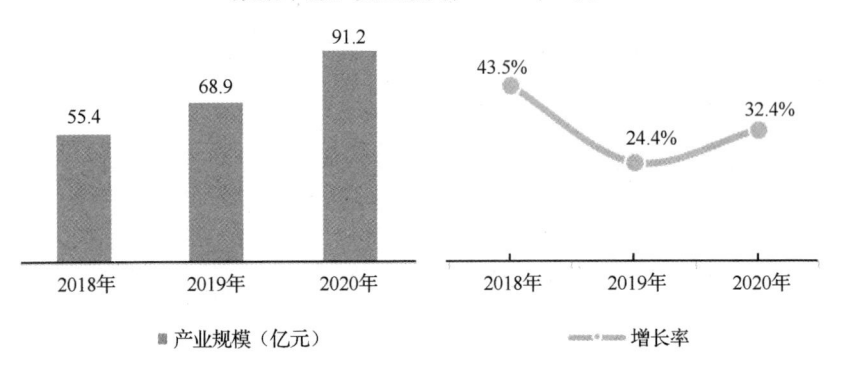

图 6-11　2018—2020 年中国服务机器人零部件产业规模与增长率
数据来源:赛迪顾问,2021 年 2 月

得益于国内企业人工智能和人机交互领域技术已达到世界先进水平,部分感知领域技术也实现了突破,2020 年,服务机器人零部件实现增速 46.2%,全年产值达到 61.4 亿元(见图 6-12)。服务机器人软件与操作系统的高速发展,将有效提升我国服务机器人产业的核心竞争力,并依托人工智能和人机交互技术的优势,未来将成为机器人领域最具"换道超车"潜力的细分方向。

受 2020 年新冠肺炎疫情影响,无人送货、无人零售、智能接待、无人消杀等需求增加,服务机器人市场出现新一轮增长期,尤其是消杀机器人、物流机器人、测温机器人、导诊机器人等产品均实现了高速发展。2020 年,服务机器人整机增速为 38.6%，全年产值达到 157.2 亿元（见图 6-13）。

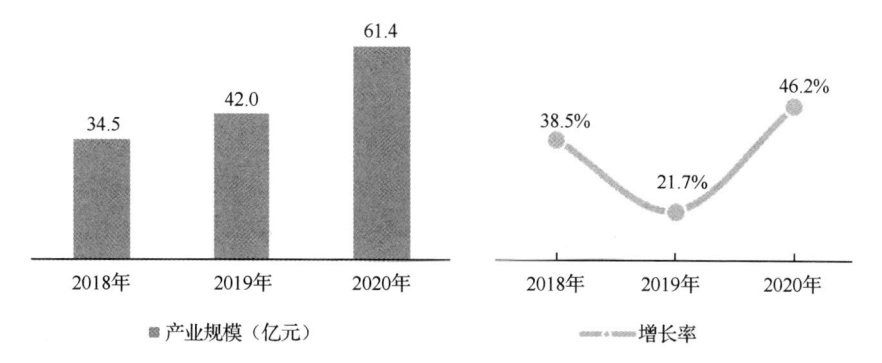

图 6-12　2018—2020 年中国服务机器人软件与操作系统产业规模与增长率

数据来源：赛迪顾问，2021 年 2 月

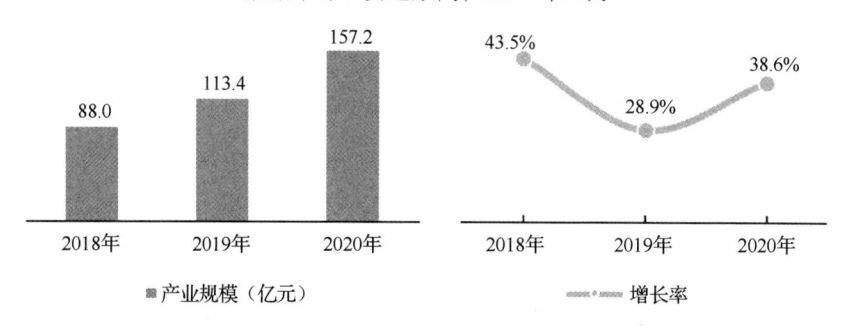

图 6-13　2018—2020 年中国服务机器人整机产业规模与增长率

数据来源：赛迪顾问，2021 年 2 月

第四节　存在的问题

一、上游核心零部件技术壁垒较高，全线降本难度较大

机器人上游核心零部件中的控制器和减速器技术壁垒较高，主要体现在核心算法，以及精密加工、齿面热处理、装配精度、大规模生产与检测等工艺环节，这些环节直接决定了机器人的稳定性、精确性、易用性和使用寿命等关键指标。较高的技术壁垒直接导致企业研发投入成本偏高、时间周期较长，全线降低成本的难度较大，不利于对潜在市场领域的渗透。

二、服务机器人标准及法规尚不完善，应用安全保障不足

相比于工业机器人较为完整的标准和法规体系，目前国内服务机器人领

域尚不完善。2020 年 12 月,《机器人自主定位导航技术规范》团体标准正式发布,该标准规定了移动机器人的定位、导航、避障、脱困、地图构建、多机器人协同避障和协同交通等项目的性能测试要求和评估方法,但在配备机器臂的服务机器人领域仍缺失标准和法规,导致下游应用环节的安全保障力不足,对服务机器人的多元化市场渗透造成了掣肘。

三、人工智能与机器代人的伦理道德风险依然存在

随着人工智能技术的不断突破,机器人作为人工智能技术的核心载体之一,未来其自我学习和自主决策的能力将高速发展,这也将导致社会决策法则将逐步由道德和伦理演变为数据和算法,人工智能与人类智慧的平衡点尚难明确,这种演变必将在价值选择、责任承担等方面带来一定的社会风险,对机器人领域高度智能的技术应用发展造成阻碍。

第五节 措施建议

一、加强机器人产业基础能力建设

实施机器人产业基础再造工程,加快补齐机器人核心基础零部件及元器件、先进基础工艺、关键基础材料、产业技术基础、基础工业软件等瓶颈短板。依托行业龙头企业,加大重要产品和关键核心技术攻关力度,加快工程化产业化突破。深化推动首台(套)装备示范应用。健全产业基础支撑体系,搭建生产应用示范平台和标准计量、认证认可、检验检测、试验验证等产业技术基础公共服务平台,完善技术、工艺等工业基础数据库。

二、提升机器人产业链供应链现代化水平

深入调研梳理本地机器人产业链情况,完善机器人产业顶层设计,设计实施"补短板、锻长板"工程,做好供应链战略设计和精准施策,形成具有更强创新力、更高附加值、更安全可靠的机器人产业链与供应链。强化产业资源、关键技术、人力资源、资金等装备产业资源的支撑,推动机器人产业链供应链的多元化发展。实施领航企业培育工程,培育一批具有生态主导力和核心竞争力的机器人龙头企业,全面推动机器人中小企业提升专业化优势,激活中小企业创新能力,重点培育专精特新"小巨人"和制造业"单项冠军"企业。

三、开展机器人赋能制造业优化升级行动

以机器人产业发展为抓手，深入实施智能制造工程，推进制造业数字化转型，发展服务型制造新模式，推动生产性服务业向专业化和价值链高端延伸，实现制造业智能化发展。培育机器人产业集群，推动机器人产业创新发展。鼓励企业应用先进适用技术、加强设备更新和新产品规模化应用，推动机器人与传统制造业的融合发展，赋能制造业智能化升级。

第七章

数控机床

　　2020年，随着国际贸易环境日趋复杂以及国内汽车制造、消费电子等数控机床主要下游应用行业发展趋缓，数控机床行业总体呈现下行趋势。在发展环境方面，近三年来国家出台了数控机床相关政策文件，旨在加快攻克数控机床关键核心技术和产品，推动数控机床高端化、智能化、绿色化发展。在产业规模方面，受到新冠肺炎疫情的影响，数控机床产量及产业规模都有一定程度下降，发展呈下行态势。在产业结构方面，数控金属切削机床占据行业主导地位，2020年，数控金属切削机床产量和规模均占据数控机床总量的50%以上，虽然数控系统产业规模有一定降低，但是国产高档数控机床的推广应用取得显著成效，国产高档数控系统在国内市场占有率提高到20%以上，为国产高档数控机床规模化生产奠定了基础。在制造强国战略深入实施背景下，未来高档数控机床的自主研发生产将成为国家战略布局及企业增强核心竞争力的必由之路。

第一节　全球发展综述

一、全球数控机床产业规模显著下行

　　2020年，新冠肺炎疫情对全球经济活动造成了严重冲击，特别是日本、德国、美国等数控机床强国产量和需求都大幅下降，全球数控机床产业面临严峻考验。2020年，全球数控机床产业规模呈下行趋势，全年产值为1373.8亿美元，同比下降7.8%（见图7-1）。

```
        1492.0
1436.0
                1373.8          7.0%    3.9%
                                                    2020年
2018年  2019年  2020年     2018年  2019年    −7.8%
   ■产业规模(亿美元)          ●━━增长率
```

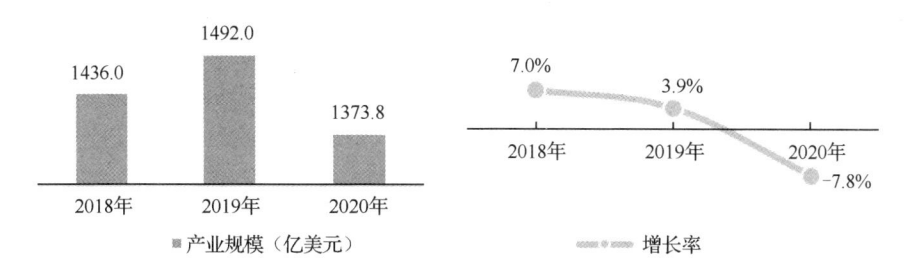

图 7-1　2018—2020 年全球数控机床产业规模与增长率

数据来源：赛迪顾问，2021 年 2 月

二、数控金属切削机床稳步占据全球主导地位

2020 年，全球数控金属切削机床和数控金属成形机床规模之和占总规模的比例超过 80%。其中，数控金属切削机床产业规模为 722.6 亿美元，占比最高，达 52.6%；数控金属成形机床产业规模为 386.0 亿美元，占比为 28.1%；数控特种加工机床产业规模为 243.2 亿美元，占比 17.7%；其他类型数控机床产业规模为 22.0 亿美元，占比为 1.6%（见图 7-2）。

```
数控金属切削机床            722.6
数控金属成形机床    386.0           数控金属    数控金属成形机床，
数控特种加工机床  243.2           切削机床，     28.1%
其他  22.0                      52.6%   按产业
                                        规模    数控特种
       ■产业规模(亿美元)                 其他，  加工机床，
                                        1.6%   17.7%
```

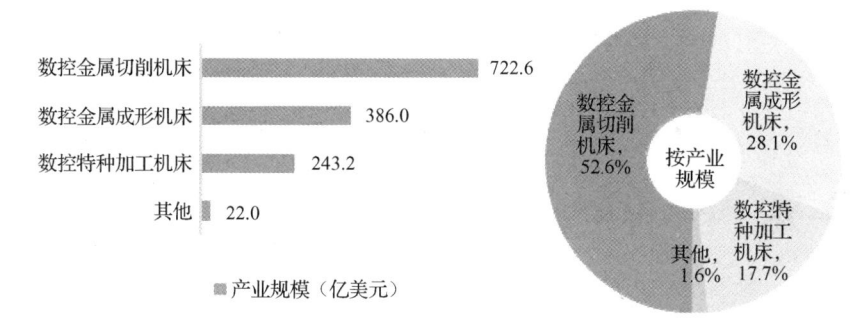

图 7-2　2020 年全球数控机床细分环节产业规模结构

数据来源：赛迪顾问，2020 年 2 月

三、中国是全球数控机床最大的生产国

2020 年年初，中国统筹推动疫情防控和经济社会发展，复工复产有序推进。同时，随着"新基建"的大力推进，医药、汽车、电子信息、工程机械等行业快速复苏，极大地带动了中国数控机床行业的发展，2020 年的中国是全球最大的数控机床生产国，产业规模约占全球总规模的 27.0%（见图 7-3）。

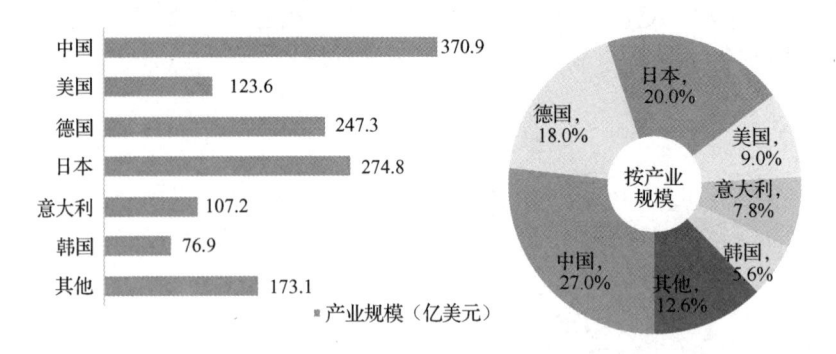

图 7-3 2020 年全球数控机床产业规模区域结构

数据来源：赛迪顾问，2021 年 2 月

四、数控机床智能化发展重点呈现差异化

世界主要数控机床强国正在积极布局智能数控机床，但发展重点存在差异。日本山崎马扎克围绕 AI 技术和数字孪生技术，研制搭载了支持 AI、数字孪生和自动化的 MAZATROL SmoothAi 系统的车铣复合加工中心；德国舍弗勒集团和日本合作实施了"机床 4.0"项目，以实现对机床的智能化管理；中国华中数控研制了基于嵌入式 AI 芯片智能硬件平台的智能数控系统工业样机，为中国智能数控机床发展奠定了基础。

第二节 中国发展概况

一、政策不断加码，推动数控机床产业健康发展

2019 年 10 月，工业和信息化部、国家发展和改革委员会（以下简称国家发展改革委）、教育部等 13 部门联合印发《制造业设计能力提升专项行动计划（2019—2022 年）》，提出要在高档数控机床等领域实现原创设计突破，在高档数控机床和机器人领域重点突破系统开发平台和伺服机构设计。2020 年 9 月，国家发展改革委、科技部、工业和信息化部、财政部 4 部门联合印发了《关于扩大战略性新兴产业投资 培育壮大新增长点增长极的指导意见》，提出了扩大战略性新兴产业投资、培育壮大新增长点增长极的 20 个重点方向和支持政策，推动战略性新兴产业高质量发展。在聚焦重点产业投资领域方面，明确要加快高端装备制造产业补短板，并具体提出要重点支持高

档五轴数控机床等的生产。这一系列政策将有利于进一步推动数控机床技术创新，提升数控机床智能化水平，推动数控机床绿色化、高端化发展。中国数控机床产业相关政策见表7-1。

表7-1 中国数控机床产业相关政策

颁布时间	颁布主体	政策名称
2019年10月	工业和信息化部、国家发展改革委、教育部等13部门	《制造业设计能力提升专项行动计划（2019—2022年）》
2020年9月	国家发展改革委、科技部、工业和信息化部、财政部4部门	《关于扩大战略性新兴产业投资 培育壮大新增长点增长极的指导意见》

数据来源：相关部门，赛迪顾问整理，2021年2月。

二、中国数控机床产业呈现下行态势

2020年，受新冠肺炎疫情的影响，汽车制造、消费电子等数控机床下游应用行业发展放缓，数控机床产量及产业规模都有一定程度下降，呈现发展下行态势。2020年，中国数控机床产量达75.0万台，同比下降2.6%。产业规模达3250.4亿元，同比下降0.6%（见图7-4）。

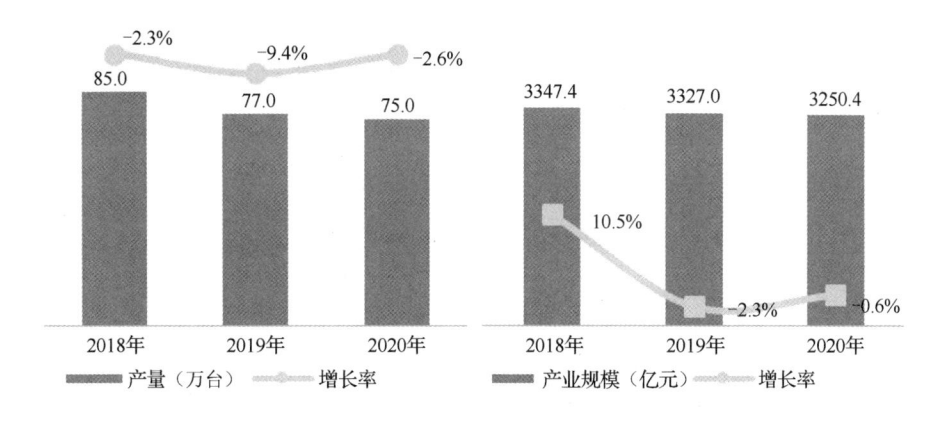

图7-4 2018—2020年中国数控机床产量与增长率、产业规模与增长率

数据来源：赛迪顾问，2021年2月

三、数控金属切削机床占据行业主导地位

2020年,数控金属切削机床产量占总产量的比重超过50%,占据主导地位(见图7-5)。2020年数控金属切削机床产量达38.6万台,产业规模达1748.7亿元。数控金属成形机床产量位居第二名,产量达22.9万台,产业规模达919.9亿元(见图7-6)。

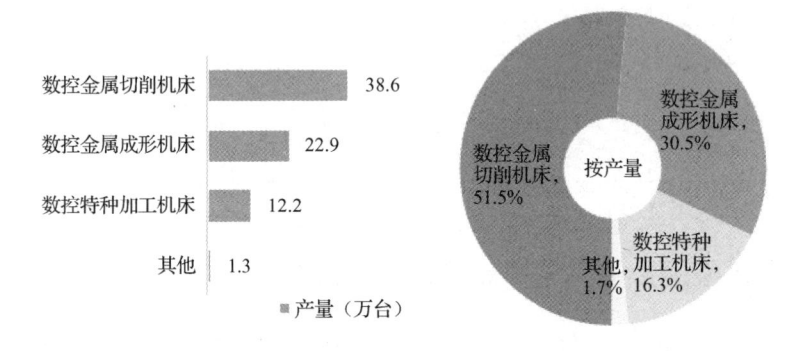

图7-5 2020年中国数控机床细分环节产量结构

数据来源:赛迪顾问,2021年2月

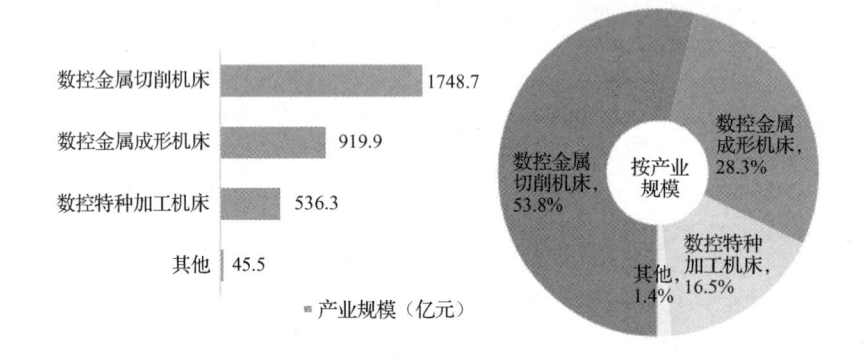

- 数控金属切削机床:38.6万台(51.5%)
- 数控金属成形机床:22.9万台(30.5%)
- 数控特种加工机床:12.2万台(16.3%)
- 其他:1.3万台(1.7%)

图7-6 2020年中国数控机床细分环节产业规模结构

数据来源:赛迪顾问,2021年2月

- 数控金属切削机床:1748.7亿元(53.8%)
- 数控金属成形机床:919.9亿元(28.3%)
- 数控特种加工机床:536.3亿元(16.5%)
- 其他:45.5亿元(1.4%)

四、江苏数控机床产业规模领先

2020年,江苏数控机床产业规模达724.8亿元,占比超过20%,居全国之首,这主要是由于江苏拥有扎实的产业基础,且率先出台支持企业复

工复产的各项政策,激发了产业发展活力。另外,江苏、浙江、山东作为前三名区域合计产业规模占全国的比重均超过50%(见图7-7),具有明显的规模优势。

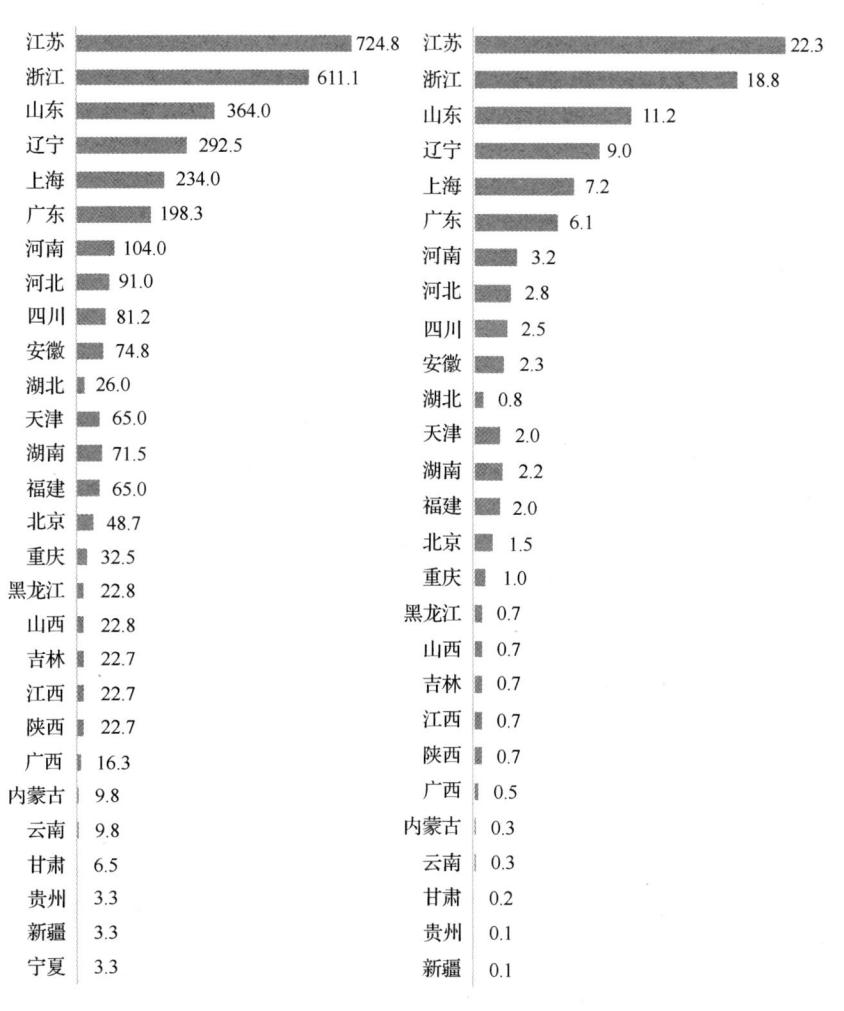

省份	产业规模(亿元)	占全国比重(%)
江苏	724.8	22.3
浙江	611.1	18.8
山东	364.0	11.2
辽宁	292.5	9.0
上海	234.0	7.2
广东	198.3	6.1
河南	104.0	3.2
河北	91.0	2.8
四川	81.2	2.5
安徽	74.8	2.3
湖北	26.0	0.8
天津	65.0	2.0
湖南	71.5	2.2
福建	65.0	2.0
北京	48.7	1.5
重庆	32.5	1.0
黑龙江	22.8	0.7
山西	22.8	0.7
吉林	22.7	0.7
江西	22.7	0.7
陕西	22.7	0.7
广西	16.3	0.5
内蒙古	9.8	0.3
云南	9.8	0.3
甘肃	6.5	0.2
贵州	3.3	0.1
新疆	3.3	0.1
宁夏	3.3	

图7-7 2020年中国数控机床产业规模省级行政区分布

数据来源:赛迪顾问,2021年2月

第三节　产业链分析

数控机床产业链主要分为上游零部件、中游整机制造和下游行业应用三个环节。

产业链上游是数控机床的关键零部件，主要包括数控系统以及主轴、刀具、丝杠、导轨等功能部件，另外还有主机零部件、辅助零部件、传动系统、铸件等。上游零部件技术水平的高低、性能的优劣直接影响着数控机床整机的技术水平和性能。

产业链中游主要是整机制造环节，按数控机床用途划分，主要包括数控金属切削机床、数控金属成形机床、数控特种加工机床等；按控制轴划分，可分为三轴、四轴、五轴、六轴及以上数控机床。

产业链下游是数控机床的行业应用，涉及汽车、轨道交通、电子通信、航天航空、工程机械、船舶等诸多领域，下游应用领域的需求在很大程度上影响了数控机床整个行业的发展态势（见图 7-8）。

一、零部件

随着关键核心技术的突破，中国数控机床在主轴、丝杠、导轨等重点零部件的研发设计、生产制造等方面取得了突破性进展，带动了中国数控机床行业的发展。2020 年，中国数控机床零部件产业规模达到 2210.0 亿元（见图 7-9），进一步推动了国产数控机床整机的发展。

二、行业应用

数控机床是工业母机。近年来，中国规模以上工业增加值稳中有进（见图 7-10），下游应用需求带动了数控机床稳步发展。未来，随着新能源汽车、5G 设备的加快推广应用，且智能手机更新换代速度加快，新能源汽车、5G、消费电子行业产品将成为数控机床行业的新增长点。

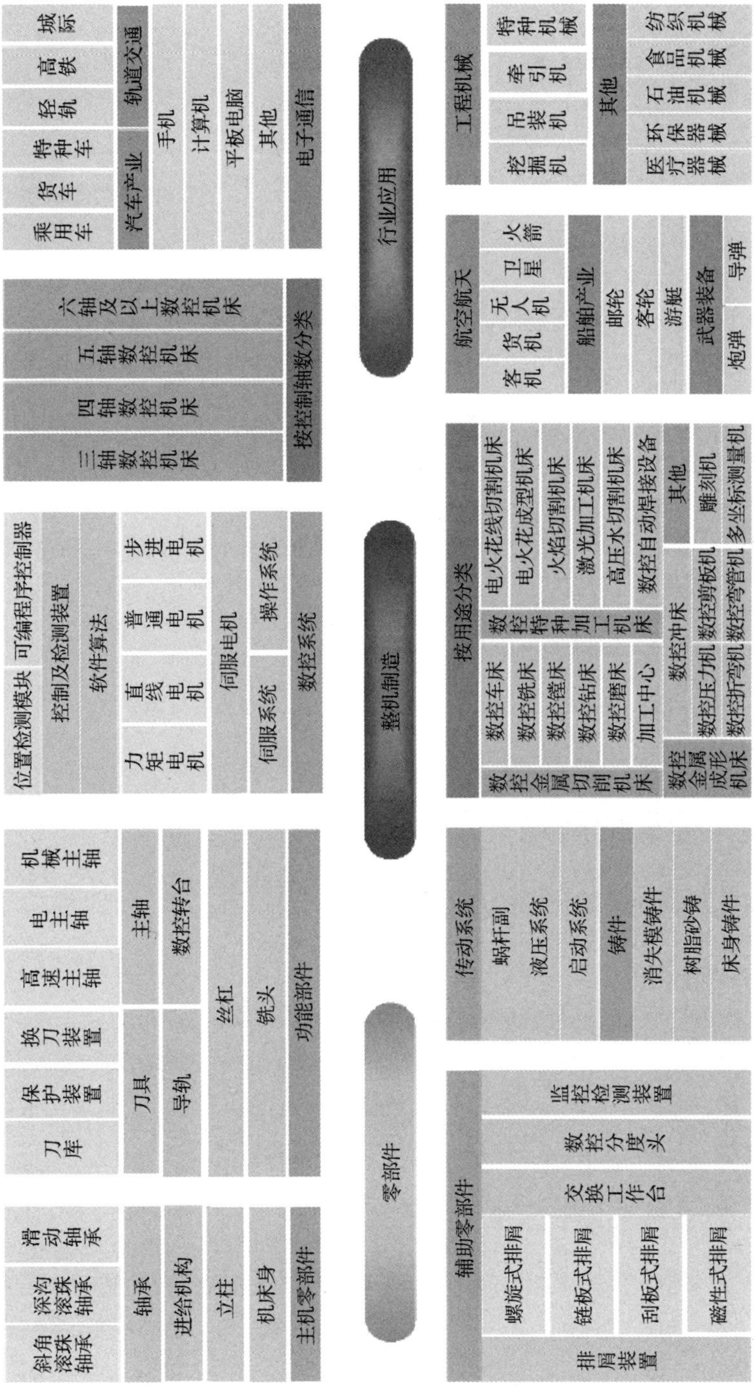

图 7-8 中国数控机床产业链全景图

数据来源：赛迪顾问，2021 年 2 月

图表数据：

2018年：2275.0，2019年：2230.0，2020年：2210.0（产业规模（亿元））

2018年：8.2%，2019年：-2.0%，2020年：-0.9%（增长率）

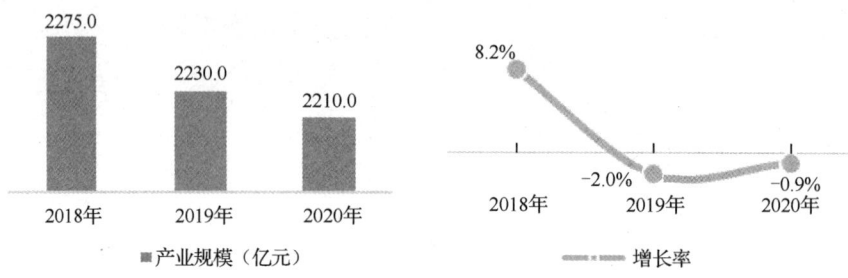

图 7-9　2018—2020 年中国数控机床零部件产业规模与增长率

数据来源：赛迪顾问，2021 年 2 月

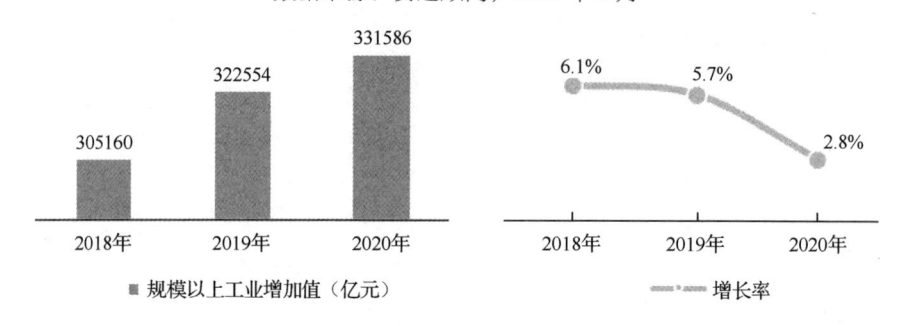

2018年：305160，2019年：322554，2020年：331586（规模以上工业增加值（亿元））

2018年：6.1%，2019年：5.7%，2020年：2.8%（增长率）

图 7-10　2018—2020 年中国规模以上工业增加值与增长率

数据来源：赛迪顾问，2021 年 2 月

第四节　存在的问题

一、核心技术和产品受制于人

目前，中国的数控机床企业自主创新能力还不足，核心零部件和关键技术受制于人的局面没有得到根本性改变，仍主要依赖进口。当前，国外高档数控系统国内市场占有率约 80%，其中日本发那科的数控系统占据 60% 以上的市场份额，居主导地位。中国高档数控机床所需的功能部件，如高档主轴、丝杠、导轨、刀具，仍需从日本、德国、瑞士等国家进口。

二、行业投资增长乏力

2020 年，机械工业固定资产投资持续下降，数控机床行业投资动能不足。截至 2020 年年底，机械工业涉及的 5 个国民经济行业大类固定资产投资金额均同比下降。其中，专用设备制造业下降 2.3%、通用设备制造下降 6.6%、仪器仪表制造业下降 7.1%、电气机械和器材制造业下降 7.6%、汽车制造业下降 12.4%。机械工业固定资产投资增速显著低于全国固定资产投资 2.9% 的增速，同时机械工业民间投资复苏更为迟缓，比行业平均水平还要低 1～3 个百分点。

三、梯次人才缺口大

中国数控机床企业各层次科技和管理人才严重匮乏，从普通技工、专业技术人才、科技创新人才到懂信息化、数字化的复合型人才，缺口极大。数控机床产业人才素质提高任务艰巨，领军人才和大国工匠紧缺，生产制造一线职工特别是技术技能人才的社会地位和待遇整体较低、发展通道不畅，人才培养培训投入总体不足，制约了高档数控机床的发展。

第五节　措施建议

一、完善数控机床扶持政策体系

围绕推动高档数控机床自主创新和推广应用，推动建立数控系统、主轴、丝杠、导轨、数控机床整机等头部企业清单，推动头部企业与用户深度结合，联合攻关，不断提升数控机床的稳定性和可靠性。同时，优化数控机床金融支持政策，制定以金融贷款和分期付款方式购置数控机床的政策体系。

二、构建数控机床产业协同创新体系

瞄准"高端产品"和"基础研究"两个着力点，构建以企业为主导，高校、科研机构、行业协会协同发展的创新格局，推动"产学研用"协同合作。重点攻克高档数控机床研发生产，同时加强行业基础研究和应用共性技术的研发，推动从基础研究、基础零部件到总体设计全环节创新，形成数控机床产业协同创新体系。

三、加强数控机床关键核心技术攻关

以发展高档数控机床为主攻方向，加快数控机床共性和关键技术攻关，提高整机可靠性和产业化水平，提升数控系统和关键功能部件的配套能力。积极对标国外先进技术，加速研发自主创新的高档数控系统和关键零部件，快速提高数控机床产品的自主开发、制造能力，培育中国数控机床自主品牌。

四、持续推动数控机床与智能制造、工业互联网融合发展

按照国家政策要求，充分利用智能制造、工业互联网等先进技术模式，推动国内重点数控机床制造商大力研发智能机床产品，深度融入智能化元素，推动数控机床与智能制造、工业互联网融合发展，提升数控机床产品技术水平，适应用户领域技术革命的新需求。

第八章 电力装备

电力装备产业是能源技术的载体、装备制造业的重要组成部分,其主要功能是将一次能源转换为电能,并实现电能传输、转换、存储及电力系统安全稳定、高效运行。电力装备由成套发电装备和输配电成套装备共同组成。其中,成套发电装备包括风力发电机组、太阳能成套装备、核电成套装备、水电成套装备、火电成套装备及其他成套发电装备;输配电成套装备包括特高压成套设备、输变电成套设备及配电成套设备。

第一节　全球发展综述

一、全球电力装备产业规模小幅回落

世界各国均高度重视本国能源领域的发展,电力装备作为保障能源供应与传输的核心设备同样备受关注,全球电力设备产业规模长期保持稳定增长态势。2020年受到新冠肺炎疫情影响,全球电力装备产业规模达15108.5亿美元,出现小幅回落,同比下降1.2%,长期增长态势虽然被打破,但依旧保持平稳(见图8-1)。

二、成套发电装备产业规模不断提升

绿色、低碳的清洁能源逐步取代高污染、高排放的传统化石能源已成为全球气候治理的共识。风电、光伏、水电、核电等作为清洁能源的代表,其成套发电装备的装机量正在逐年增长。2020年,全球电力装备细分产业结构中,成套发电装备产业规模增长至7968.3亿美元,同比增长16.5%;输配电成套装备产业规模下降至7140.2亿美元,同比下降15.4%(见表8-1)。

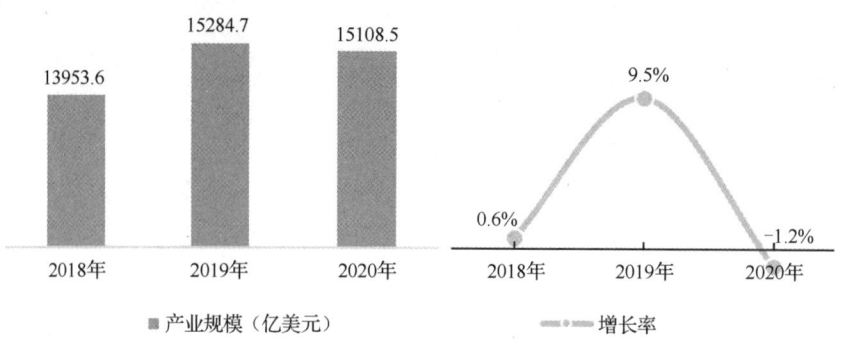

图 8-1   2018—2020 年全球电力装备产业规模与增长率

数据来源：赛迪顾问，2021 年 2 月

表 8-1   2020 年全球电力装备产业细分领域结构

装备类型	2019年产业规模（亿美元）	2020年产业规模（亿美元）	同比增长（%）	2020年规模占比（%）
成套发电装备	6840.4	7968.3	16.5	52.7
输配电成套装备	8444.4	7140.2	-15.4	47.3

数据来源：赛迪顾问，2021 年 2 月。

三、亚太地区产业规模全球领先

各国为尽快促进本国经济复苏，包括中国在内的多个国家和地区加大了在电力领域的基础设施投资力度。2020 年，中国最早从新冠肺炎疫情中恢复，是全球主要经济体中唯一一个经济实现正增长的国家，在全球的电力装备产业规模中的占比进一步提升。包括中国在内的亚太地区成为全球产业规模最集中的区域，产业规模达 10893.2 亿美元，占比高达 72.1%（见图 8-2）。

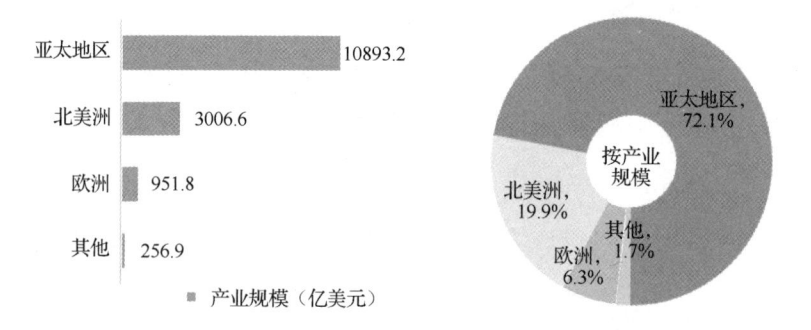

图 8-2   2020 年全球电力装备产业规模区域结构

数据来源：赛迪顾问，2021 年 2 月

四、电力装备核心技术向大容量远距离输电、储能和清洁能源发电领域聚焦

大容量远距离输电、储能和清洁能源发电及并网技术已成为支撑电力装备产业发展的核心技术。在储能方面，以机械储能、电化学储能、电磁储能等为主，未来储能技术将向着大容量、高安全、长寿命、低成本的方向发展。在清洁能源发电及并网方面，水力发电、风力发电和太阳能发电成为清洁能源发电的主流，未来随着全球能源互联网的构建，复杂应用场景将对技术提出更高要求。

五、国际龙头企业受疫情影响收入同比下降

2020年，受新冠肺炎疫情影响，全球电力装备龙头企业营业收入出现了不同程度的下滑，以西门子、GE、施耐德、ABB等为代表的老牌欧美企业综合实力依然位居前列，营业收入依然处于较高水平，尚未对企业经营产生较大影响。中国企业上海电气成为全球电力装备企业TOP5排名中唯一一个实现正增长的企业（见表8-2）。

表8-2　2020年全球电力装备企业TOP5排名

排　名	企业名称	国　家	2020年营业收入（亿美元）	同比增长（%）
1	西门子	德国	682	-34
2	施耐德	法国	301	-7
3	ABB	瑞士	261	-7
4	GE	美国	219	-16
5	上海电气	中国	216	7

数据来源：赛迪顾问，2021年2月。

第二节　中国发展概况

一、多项有利政策助推电力装备产业向高质量方向发展

近年，中国推出多项举措共同促进产业向高质量发展，2018年12月，国家发展改革委和国家能源局发布《清洁能源消纳行动计划（2018—2020

年)》，完善风能、光伏等电力消纳效率问题，建立清洁能源消纳的长效机制。同时，中国还出台了一系列涉及核电、光伏、风电、储能、变压器、煤矿安全改造相关的政策文件，包括新兴领域技术的发展、装备的首台(套)应用及金融支持等多个方面(见表8-3)。2020年9月，中国国家领导人在第七十五届联合国大会一般性辩论上提出，中国将提高国家自主贡献力度，采取更加有力的政策和措施，二氧化碳排放力争于2030年前达到峰值，努力争取2060年前实现碳中和。电力行业是实现碳达峰、碳中和的关键，而电力装备是支撑电力行业发展的核心，未来国家仍将继续支持电力装备领域的发展，推动中国电力装备产业向高质量方向继续迈进。

表8-3 中国电力装备产业主要政策

颁布时间	颁布主体	政策名称
2018年	国家发展改革委、国家能源局	《清洁能源消纳行动计划(2018—2020年)》
	国家能源局	《关于推进太阳能热发电示范项目建设有关事项的通知》
	国家能源局	《关于开展核电重大专项科研设施及验证平台开放共享试点工作的通知》
2019年	国家能源局	《能源领域首台(套)重大技术装备评定和评价办法(试行)》
	国际能源局	《关于2019年风电、光伏发电项目建设有关事项的通知》
	国家发展改革委	《贯彻落实〈关于促进储能技术与产业发展的指导意见〉2019—2020年行动计划》
2020年	国家发展改革委、国家能源局、应急管理部、国家煤矿安全监察局	《煤矿安全改造中央预算内投资专项管理办法》
2021年	工业和信息化部等三部门	《变压器能效提升计划(2021—2023年)》

数据来源：赛迪顾问，2021年2月。

二、中国电力装备产业规模稳定增长

2020年，中国全年基建新增发电装机容量达19087万千瓦，同比增长81.8%；新增220千伏及以上变电设备容量22288万千伏安，同比下降6.4%；电力工程建设投资完成9944亿元，同比增长9.6%。近三年来，中国不断加大电力领域投资建设，电力装备产业规模持续增长，年均增长率接近8.5%。

截至2020年年底，中国电力装备产业规模达到7.2万亿元，同比增长12.5%（见图8-3）。

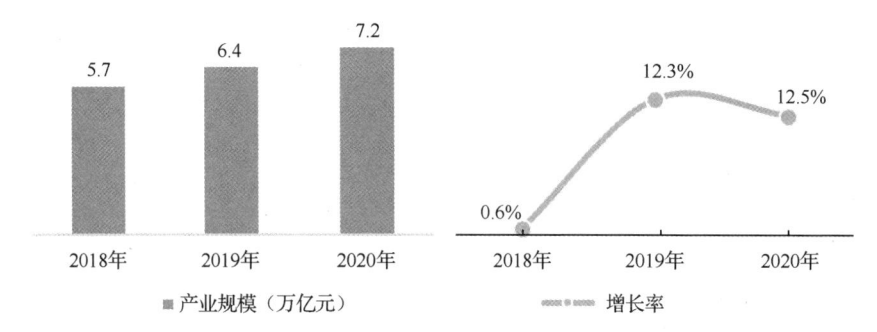

图8-3　2018—2020年中国电力装备产业规模与增长率

数据来源：赛迪顾问，2021年2月

三、成套发电装备产业规模首次超过输配电装备

近年来，中国不断加大在特高压、智能电网、风电、太阳能和水电等领域的投资，有效带动了成套发电装备和输配电成套装备产业规模的增长。截至2020年年底，中国成套发电装备产业规模达3.8万亿元，同比增长31.0%；输配电成套装备产业规模达到3.4万亿元，同比下降2.9%（见表8-4）。

表8-4　2020年全球电力装备产业结构

装备类型	2019年产业规模（万亿元）	2020年产业规模（万亿元）	同比增长（%）	2020年规模占比（%）
成套发电装备	2.9	3.8	31.0	52.8
输配电成套装备	3.5	3.4	-2.9	47.2
合计	6.4	7.2	12.5	100.0

数据来源：赛迪顾问，2021年2月。

四、上海、江苏电力装备产业规模领先

2020年，上海电力装备产业规模超11511.2亿元，占比为16.0%，居全国之首；江苏、浙江两省紧跟其后，产业规模分别为11288.3亿元和8548.9亿元，占比分别为15.7%和11.9%。各省级行政区中排前七名的产业规模占比接近七成，产业规模超过千亿元的省级行政区有15个（见图8-4）。

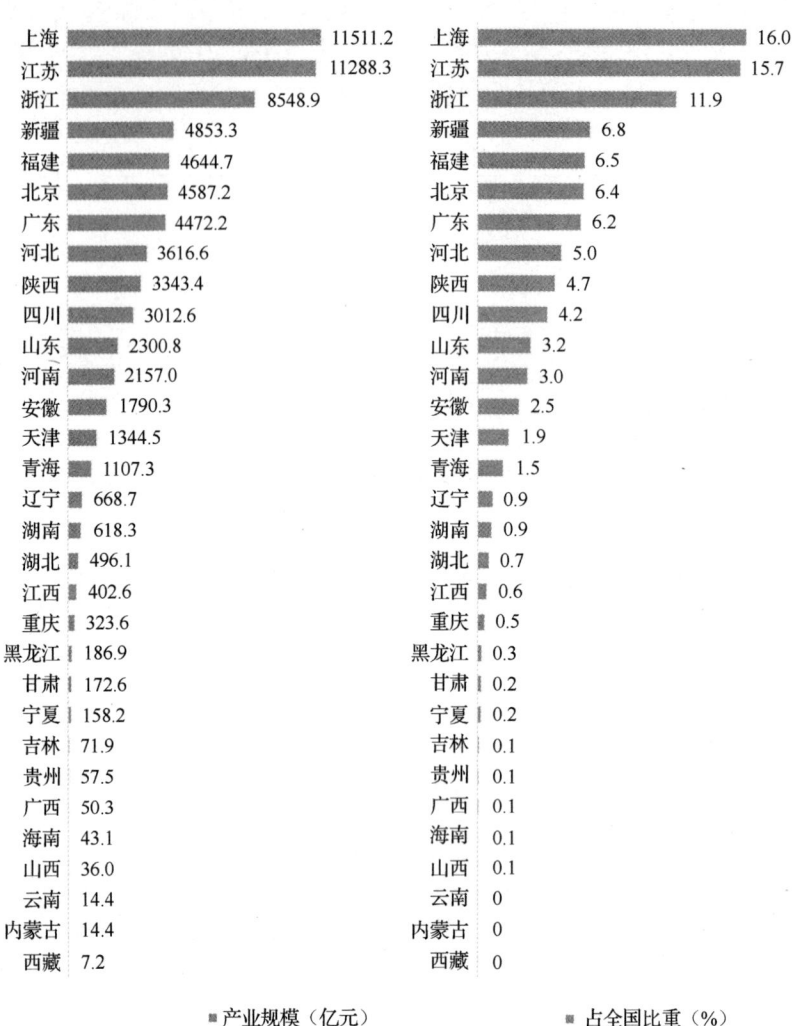

地区	产业规模(亿元)	占全国比重(%)
上海	11511.2	16.0
江苏	11288.3	15.7
浙江	8548.9	11.9
新疆	4853.3	6.8
福建	4644.7	6.5
北京	4587.2	6.4
广东	4472.2	6.2
河北	3616.6	5.0
陕西	3343.4	4.7
四川	3012.6	4.2
山东	2300.8	3.2
河南	2157.0	3.0
安徽	1790.3	2.5
天津	1344.5	1.9
青海	1107.3	1.5
辽宁	668.7	0.9
湖南	618.3	0.9
湖北	496.1	0.7
江西	402.6	0.6
重庆	323.6	0.5
黑龙江	186.9	0.3
甘肃	172.6	0.2
宁夏	158.2	0.2
吉林	71.9	0.1
贵州	57.5	0.1
广西	50.3	0.1
海南	43.1	0.1
山西	36.0	0.1
云南	14.4	0
内蒙古	14.4	0
西藏	7.2	0

图 8-4　2019 年中国电力装备产业省级行政区域结构与占比情况

数据来源：赛迪顾问，2021 年 2 月

五、成套发电装备领域迎来扩容机遇

2020 年，全国电源建设迎来大规模发展，特别是在风力、太阳能和水电等领域，均出现了较大幅度的增长。全国电网领域建设维持稳定，未出现大幅度波动，在输配电成套装备中，柔性直流输配电设备出现一定幅度增长，其中核心设备直流换流阀交付完成装机的换流容量达 5200 万千瓦（见表 8-5）。

表 8-5 2020 年全球电力装备产业结构

产 业 环 节	重 点 产 品	2020 年产量
成套发电装备	水力发电成套装备	1323 万千瓦
	火力发电成套装备	5637 万千瓦
	核电成套装备	112 万千瓦
	风力发电成套装备	7167 万千瓦
	太阳能成套发电装备	4820 万千瓦
输配电成套装备	直流换流阀	5200 万千瓦
	220 千伏及以上变压器	22288 万千伏安

数据来源：赛迪顾问，2021 年 2 月。

第三节 产业链分析

电力装备产业链由上游的原材料与核心设备、中游的重点成套装备及下游的运营与维护构成（见图 8-5）。其中，上游原材料与核心设备包括电工合金材料、永磁材料、绝缘材料、高温材料和光电材料等原材料，轴承、液压件、电机、绝缘子和避雷器等零配件，宽禁带电力半导体器件等电力电子器件，以及变压器、电线电缆、开关设备、继电保护及自动装置、发电机、燃气轮机和水轮机等核心设备。中游重点成套装备包括风力发电机组、太阳能成套装备、核电成套装备、水电成套装备等，以及特高压成套设备、输变电成套设备和配电成套设备等。发电站及电网运营商是电力装备运营与维护的应用领域，下游的运营与维护主要包括火电站、水利电站、核电站等发电站，以及特高压电网运维、超高压电网运维等。

一、原材料与核心设备

中国电力装备原材料与核心设备虽然存在短板环节，但基本形成了丰富的产品供应能力。近年来，零配件和原材料领域产品供给能力不断提升，核心设备领域安全性和运行稳定性日益提升，电力电子器件研发制造实力逐步增强（见图 8-6）。2020 年，该环节受到新冠肺炎疫情影响有限，较好地保障了中游重点成套装备的交付。

图 8-5 电力装备产业链全景图

数据来源：赛迪顾问，2021 年 2 月

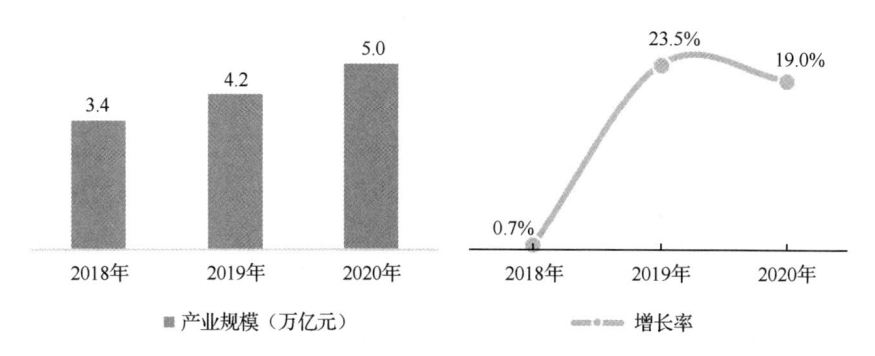

图 8-6　2018—2020 年中国电力装备原材料与核心设备产业规模与增长率

数据来源：赛迪顾问，2021 年 2 月

二、运营与维护

2020 年，中国电力工业保持稳定发展态势，全年发电量达到 76236 亿千瓦时，同比增长 4.0%（见图 8-7）。中国加大了对电力领域的工程建设投资，总体仍维持了较高的投入水平，有效拉动了中游成套设备的发展。其中，电源工程建设投资完成 5244 亿元，同比增长 29.2%；发电企业装机容量达到 220058 万千瓦，同比增长 9.5%；电网工程建设投资完成 4699 亿元，同比小幅下降 6.2%；全年 220 千伏及以上输电线路回路长度达 794118 千米，同比增长 4.6%（见图 8-8）。

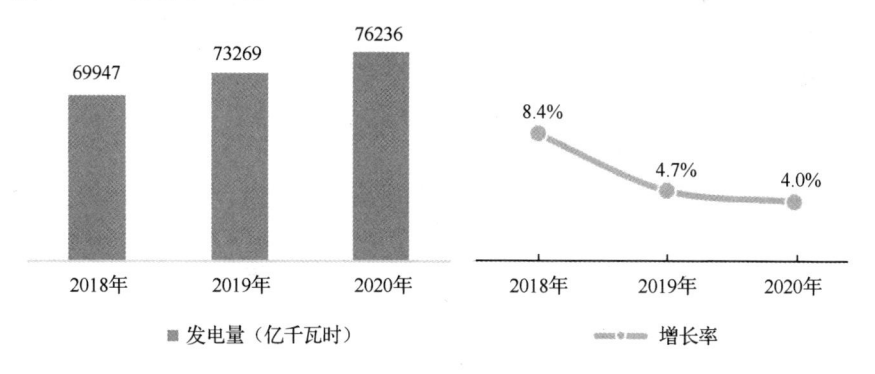

图 8-7　2018—2020 年中国电力发电量与增长率

数据来源：赛迪顾问，2021 年 2 月

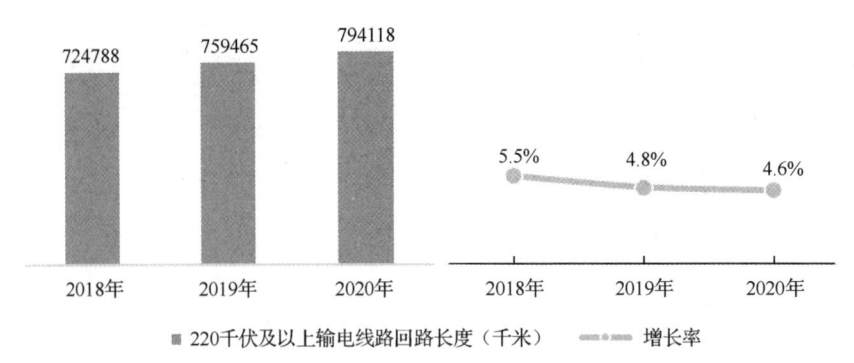

图 8-8　2018—2020 年中国电力 220 千伏及以上输电线路长度与增长率

数据来源：赛迪顾问，2021 年 2 月

第四节　存在的问题

一、工业基础薄弱问题依然制约电力装备高端化发展

中国电力装备相关行业基础薄弱问题依然严重。在新型装备方面，部分关键核心零部件、工业软件等还面临着诸多发展瓶颈，如发电设备、特高压输变电等产业环节的电力电子器件、关键零部件等与国际先进水平存在较大差距。发电设备、输变电设备等部分零部件及工业软件对外依然存在依赖；在共性基础研究方面，近年来，中国电力装备产业在基础理论研究、设计规范、制造工艺及行业标准等方面的研究有了较大幅度的提升，但与欧美地区一些国家相比依然缺乏前沿技术基础储备，源头创新能力有较大差距；在产业链方面，电力装备产业链中游和下游已经较为成熟，处于国际先进水平，但上游仍存在受制于人的情况，在原材料及核心设备领域的技术水平与产业化能力有待加强。

二、行业标准和规范存在不足、尚待完善

低碳化和可再生能源已成为全球能源结构调整的大趋势，国内电力装备迎来服务碳达峰、碳中和的战略目标时代，但目前相关标准和规范仍然存在不足，尚待进一步完善。一方面，碳交易市场存在准入"门槛"不明确、交易规则不完善、分配机制尚未得到有效建立、管理层级不够完备等问题，一定程度上阻碍了电力装备产业的发展步伐；另一方面，金融机构在绿色低碳循环发展经济体系内起着不可或缺的重要作用，但金融支持政策和标准尚未

完全建立，在资源配置、风险管理以及引导社会资金等方面发挥的作用略显不足。

三、新型能源装备的回收处理体系亟待建立

目前，我国光伏等新型电力装备的回收处理机制尚不健全。以光伏为例，根据我国光伏装机情况预测，从 2020 年开始光伏组件的废弃量逐步增加，到 2025 年组件报废增速将逐年大幅增进，2030 年是光伏组件报废的高峰时期。退役晶体硅光伏组件直接掩埋会对土壤环境造成极大破坏，作为清洁能源的重要组成，处理好相关设备的回收工作至关重要。目前，我国针对退役光伏组件回收的相关政策和标准尚不完善，相关组件的回收企业更为稀缺。另外，参照欧美等国的管理经验，废弃光伏组件回收需要多个部门协同，需要专门部门负责回收报废光伏组件的判定，补充完善光伏回收处理技术的研究和环境监管，以及制定类似相关产品回收处理管理条例以便对废弃光伏组件回收处理，进行统一管理。

第五节　措施建议

一、加强电力装备产业链供应链统筹体系

电力装备产业中游及下游发展较为成熟，但上游依然是明显的薄弱环节。建议各地政府结合本地产业基础，建立统筹电力装备发展的顶层设计，确立牵头单位，建立"链长制"，组织各级单位逐级配合，摸清本地产业链供应链的长短板，优化区域产业布局，推动本地电力装备产业链供应链的稳定发展。同时，充分利用研究机构、行业协会、集群促进机构等行业资源，建立区域间"链长对接协作"机制，促进各层级各区域间的协同发展，推动电力装备领域的技术短板攻关，加强在电力电子器件、燃气轮机、储能装备等领域的研发投入，提升电力装备产业链供应链的稳定性。

二、推动电力装备成本下降与向服务化延伸

一是应关注风电、光伏等领域，加快新技术和新工艺的应用和革新，通过多元化渠道推动装备制造成本下降，增强市场竞争力；二是加强对核准项目的管理，继续优化产业布局，合理规划电场建设进度，减缓因局部发展过快而造成的并网消纳困难，提高清洁能源装备在下游运营过程中的并网效

率；三是国内电力装备领域一些骨干企业在发电机组的运维上，利用新一代信息技术，形成较好的运行监测示范案例，而目前电力装备领域在服务化转型方面尚没有相关的指导性意见和行业标准，建议总结示范经验、推广示范项目、建立行业标准，促进电力装备向服务化延伸。

三、发挥政府的引导作用，提升社会资本的投入

中国提出了二氧化碳排放于 2030 年前达到峰值，努力争取 2060 年前实现碳中和的发展目标，对电力装备领域的技术发展和装备应用均提出了新的要求，也对持续的资金提出了较大要求。建议通过市场化的方式来发挥政府在产业发展过程中的重要作用。一方面，应发挥政府的资源优势，建立产业投资基金模式，对有潜力的电力装备企业进行股权或准股权投资，强化项目与资本的对接，并通过产业投资基金进行资本招商，扩大电力装备领域的招商影响力，以吸引社会资本投入。另一方面，应强化政府引导基金的运转，建立和完善以政府投入为引导，企业投入为主体，银行贷款、社会融资为支撑的多元化投融资体系，提高银行贷款的针对性和有效性，促进并引导各类金融机构建立信贷体系。

第九章 无人机

2020年，在新冠肺炎疫情（以下简称"疫情"）影响下，全球无人机产业规模出现负增长。中国无人机产业凭借性价比等优势，出口量倍增，产业规模仍保持近10%的增速，稳固在第一梯队前列。产业环境方面，2020年国家政策导向无人驾驶航空试点工作，在体制机制、政策法规等方面先行先试。产业结构方面，全球和中国无人机产业结构中工业级无人机的占比均超过60%，未来随着行业需求的进一步挖掘，产业结构将进一步向工业级无人机环节倾斜。随着法律法规的完善、新领域与新需求的不断挖掘、新技术的不断融合，中国无人机产业将持续健康有序发展，成为新的经济增长点。

第一节 全球发展综述

一、全球无人机产业规模出现负增长

随着疫情在全球的持续蔓延，部分无人机企业延迟开工，导致全球无人机产业链整体受到较大冲击。加之受隔离措施、交通管制等疫情管控措施的影响，全球无人机产量及产业规模出现负增长。2020年，全球无人机产业规模为94亿美元，同比下降7.8%（见图9-1）。

二、工业级无人机产业规模占比超过2/3

2020年，随着无人机产业链及飞控与导航技术的成熟，工业级无人机产业得到了快速发展。此外，垂直起降固定翼无人机等工业级无人机产品产业化发展迅速，也推动了全球工业级无人机产业规模的增长。2020年，全球无

人机产业结构中工业级无人机产业规模为 63.2 亿美元，占比达到 67.2%（见图 9-2）。

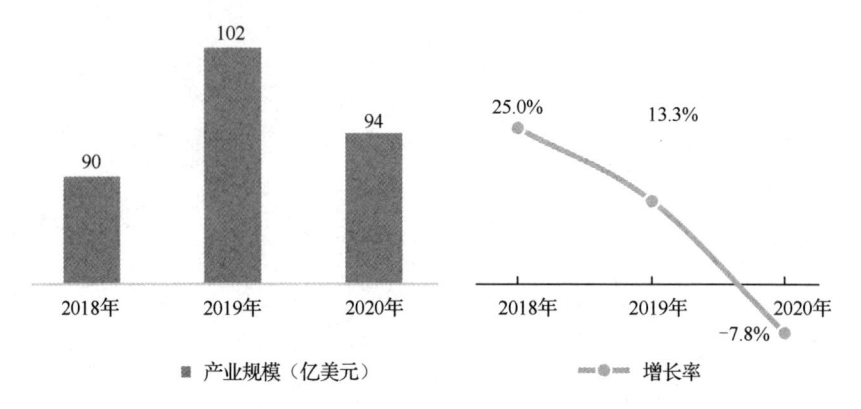

图 9-1　2018—2020 年全球无人机产业规模与增长率

数据来源：赛迪顾问，2021 年 2 月

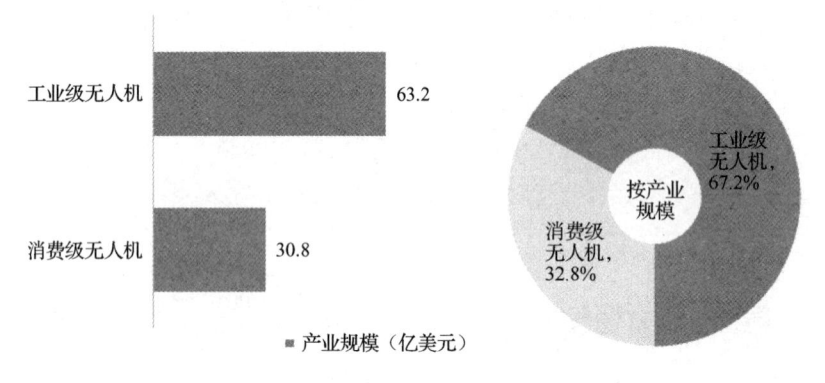

图 9-2　2020 年全球无人机细分市场产业规模结构

数据来源：赛迪顾问，2021 年 2 月

三、中国无人机产业规模全球占比遥遥领先

中国是无人机产业链各部件均可国产的国家，国内无人机企业凭借软件与算法技术的储备，技术上领先国外企业。硬件上的成本优势与技术上的优势，使得中国无人机产业规模在 2020 年全球无人机产业规模区域结构中占比为 80.6%，遥遥领先于第二位与第三位的美国与欧洲（见图 9-3）。

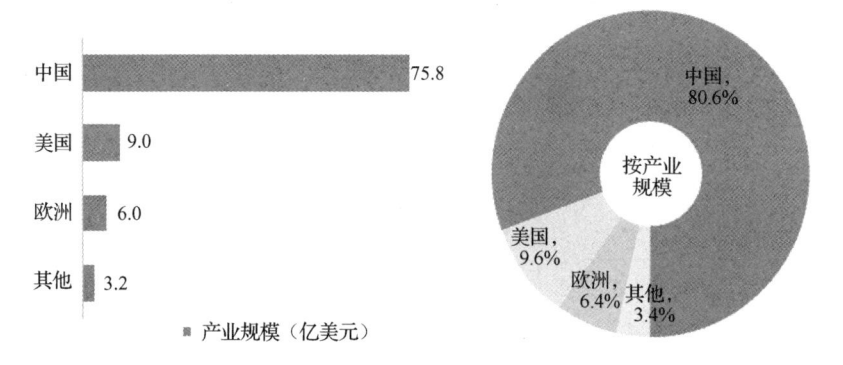

中国 75.8
美国 9.0
欧洲 6.0
其他 3.2

■ 产业规模（亿美元）

按产业规模
中国，80.6%
美国，9.6%
欧洲，6.4%
其他，3.4%

图 9-3　2020 年全球无人机产业规模区域结构

数据来源：赛迪顾问，2021 年 2 月

四、无人机氢燃料电池技术商业化进程提速

目前，全球各国无人机企业均开始重视并布局无人机氢燃料电池领域。日本是目前无人机氢燃料电池技术发展较为领先的国家，美国是研发无人机氢燃料电池最早的国家之一，中国是全球首个发布国家级无人机用氢燃料电池标准的国家。日本、美国、中国已经过了无人机氢燃料电池技术初期集中于项目研发和示范研究的阶段，开始推动商业化进程。未来，随着固态储氢技术在无人机领域的应用，更加常态化、便捷化、长续航的氢燃料电池无人机将普惠植保、勘探、巡检等对续航要求较高的领域。

第二节　中国发展概况

一、政策助推无人机产业稳步发展

2020 年，中国民用航空局印发了《民用无人驾驶航空试验基地(试验区)建设工作指引》，旨在统筹推进无人驾驶航空试验区建设，引导产业发展、培育产业生态，为无人驾驶航空运行理论研究、风险评估、技术应用等提供试运行平台，有序开展我国民用无人驾驶航空试点示范工作。国家市场监督管理总局发布了国家标准《无人机用氢燃料电池发电系统》，中国成为全球第一个建立国家级别标准的国家。标准的发布统一了无人机燃料电池技术要求，保障了无人机用燃料电池发电系统的安全和性能，加速了燃料电池无人机的商业化进程。如表 9-1 所示为中国无人机产业主要政策。

表 9-1 中国无人机产业主要政策

颁布时间	颁布主体	政策名称
2020 年	国家市场监督管理总局	《无人机用氢燃料电池发电系统》
	中国民用航空局	《民用无人驾驶航空试验基地（试验区）建设工作指引》
2019 年	中国民用航空局	《轻小型民用无人机飞行动态数据管理规定》
	中共中央、国务院	《交通强国建设纲要》
	教育部	《中等职业学校专业目录》
	中国民用航空局	《特定类无人机试运行管理规程（暂行）》
	中国民用航空局	《基于运行风险的无人机适航审定指导意见》
2018 年	中国民用航空局	《民航局关于促进航空物流业发展的指导意见》
	中国民用航空局	《民用无人驾驶航空器经营性飞行活动管理办法（暂行）》
	农业农村部办公厅、财政部办公厅	《关于做好 2018—2020 年农机新产品购置补贴试点工作的通知》

数据来源：赛迪顾问，2021 年 2 月。

二、我国无人机产业规模实现稳步增长

2020 年，虽然中国无人机产业稳步发展，在全球的领先地位依旧，但随着疫情带来的无人机订单减少，以及疫情对下游运营服务环节的冲击，2020 年中国无人机产业规模为 531 亿元，产业规模同比有所增长，但增速首次跌破两位数，仅为 9.3%（见图 9-4）。

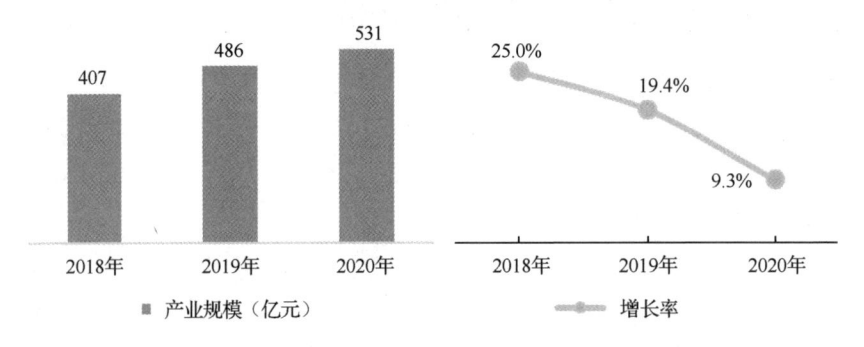

产业规模（亿元）：2018年 407；2019年 486；2020年 531
增长率：2018年 25.0%；2019年 19.4%；2020年 9.3%

图 9-4 2018—2020 年中国无人机产业规模与增长率

数据来源：赛迪顾问，2021 年 2 月

三、疫情倒逼工业级无人机产业规模占比增加

随着在疫情期间工业级无人机对消杀、安防巡检、医疗救援、舆情监控、建筑照明等应用场景的不断挖掘,带动厂商生产向工业级无人机倾斜,工业级无人机产业规模占比增加明显,2020年中国无人机产业结构中工业级无人机产业规模为329.0亿元,占比为62.0%(见图9-5)。

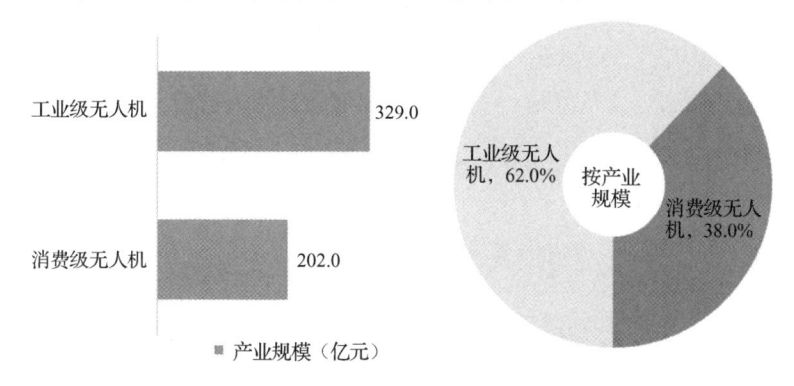

图9-5 2020年中国无人机细分市场产业规模结构

数据来源:赛迪顾问,2021年2月

四、中南区域无人机产业规模比重占全国八成

2020年,中南区域无人机产业规模达到425.3亿元,占比达到80.1%(见图9-6),居全国区域分布之首。广东形成了以深圳为核心的无人机产业集群,是我国无人机集聚度最高的区域。深圳占据绝大部分中南区域无人机产值份额。华东、华北区域侧重无人机的总体设计、测试及研发,在无人机产业规模区域布局中分列第二、第三位。中南、华东、华北三区域的无人机产业规模占比之和达到全国总规模的96%以上。

五、植保与航拍产品规模占比超整体产业规模五成

工业级无人机环节,2020年随着土地流转面积的持续增加,促进土地集中化、规模化生产,刺激用户对农业植保无人机的需求释放。此外,在自动化技术、人工智能技术等高新科技持续革新的背景下,中国无人机植保产品规模不断扩大,2020年植保无人机产品规模达到131.6亿元(见表9-2)。消费级无人机环节,航拍无人机由于整体方案的成熟与场景应用的广泛,产品规模达到171.7亿元,占比最大。植保与航拍产品的总规模超过300亿元,

占总体无人机产品规模的五成以上。

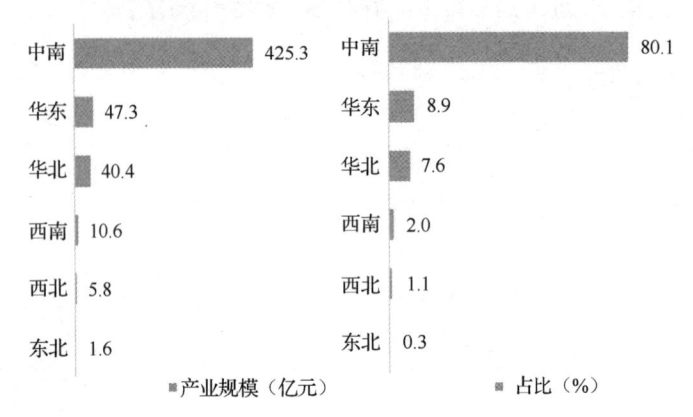

地区	产业规模（亿元）	占比（%）
中南	425.3	80.1
华东	47.3	8.9
华北	40.4	7.6
西南	10.6	2.0
西北	5.8	1.1
东北	1.6	0.3

图 9-6 2020 年中国无人机产业区域分布

数据来源：赛迪顾问，2021 年 2 月

表 9-2 2020 年中国无人机产业重点产品情况

产业环节	重点产品	2020 年产品规模（亿元）
工业级无人机	植保	131.6
	电力巡检	69.1
	安防	46.1
	物流	28.0
	测绘	19.7
	其他	34.5
消费级无人机	航拍	171.7
	娱乐	8.1
	航模	12.1
	其他	10.1

数据来源：赛迪顾问，2021 年 2 月。

第三节 产业链分析

中国无人机产业链由上游设计测试、中游整机制造和下游运营服务环节构成（见图 9-7）。上游设计测试包括总体设计和集成测试两个方面，是技术要求较高的环节。中游整机制造包括飞行系统、地面系统、任务载荷三个方面，是竞争最激烈的环节，未来仅能够进行组装而无力生产飞控系统等关键零部件的厂家将会逐渐遭到淘汰。下游运营服务主要包括数据采集、飞手培训两个方面，消费级无人机运营与服务相对简单，一般如果不涉及维修就不收取额外费用；工业级无人机运营与服务需要专业的培训，企业一般以"产品+服务"的形式收取服务费用，是产业附加值较高的环节。

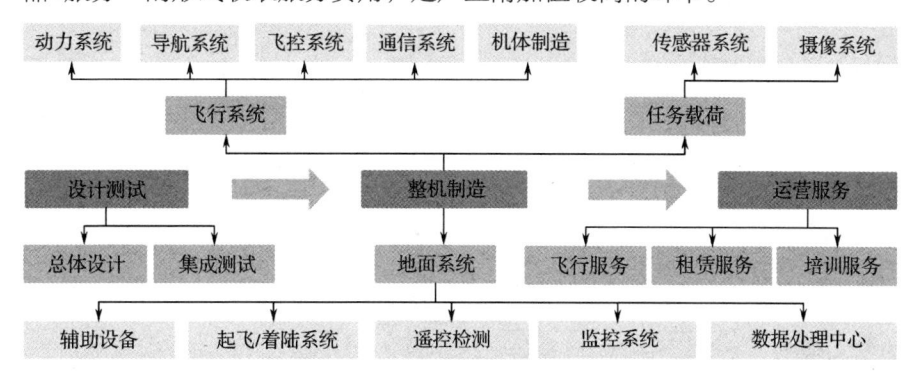

图 9-7　无人机产业链全景图
数据来源：赛迪顾问，2021 年 2 月

一、设计测试

2020 年，为了应对疫情，无人机应用场景的多样性和复杂性不断拓展加深，无人机产业链上游一体化设计及集成方面的核心技术开发和研发成果快速转化。此外，国内无人机设计测试多依托于航天科研院所等大型国企和科研单位完成，在无人机整体产业规模受疫情影响增速减缓的背景下，其受疫情影响相对较小，2020 年中国无人机设计测试环节产业规模为 91.9 亿元，增速为 53.7%，保持了较高的增速（见图 9-8）。

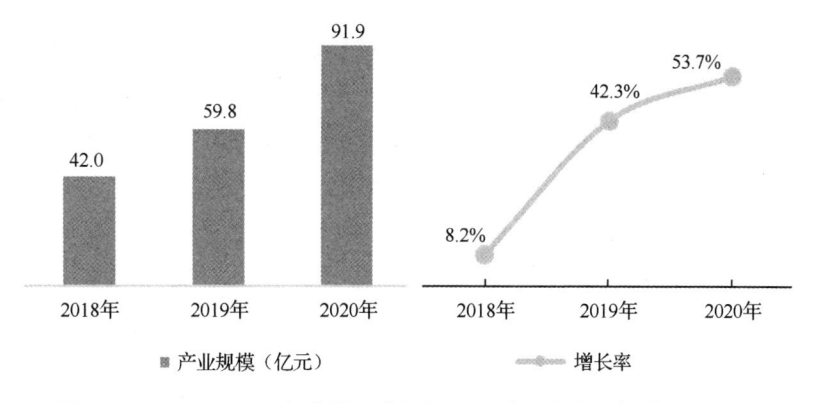

图 9-8　2018—2020 年中国无人机设计测试环节产业规模与增长率
数据来源：赛迪顾问，2021 年 2 月

二、运营服务

无人机产业链下游运营服务环节是受疫情影响最大的环节。疫情对人员的聚集、流动采取严格限制，大幅抑制了培训服务类需求，大部分培训飞行类的计划执行都推后执行。虽然 2020 年第三、第四季度的运营服务环节有所回暖，但总体上看，2020 年中国无人机运营服务环节的产业规模为 75.9 亿元，增速同比下降 24.6%（见图 9-9）。

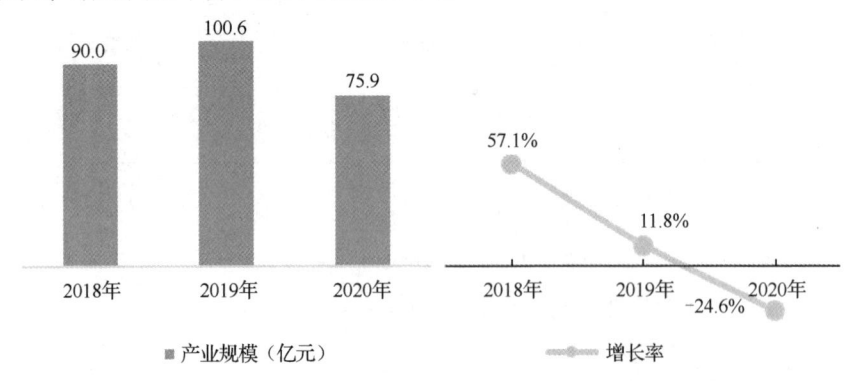

图 9-9　2018—2020 年中国无人机设计测试环节产业规模与增长率

数据来源：赛迪顾问，2021 年 2 月

第四节　存在的问题

一、人口老龄化驱动行业需求释放

随着人口老龄化加速，我国适龄劳动人口占比逐年下降，同时人力成本居高不下，招工难、用工难的问题尤为明显。同时，人们对劳动保护的意识逐步提高，不愿从事枯燥、高危险和较为辛苦的工作。无人机可在植保、电力巡检、安防、测绘等行业替代人工，执行具有单调重复、偏远、危险等特点的作业，并提高作业效率，降低人工劳动强度及节约成本，具有更高的经济性，市场需求较大，在人口老龄化的背景下，有望带动无人机细分领域的发展。

二、行业监管仍存在不足

无人机行业监管不足的问题依旧存在。行业在标准体系、适航管理规定、无人机飞行空域管理等方面仍存在监管空白。以无人机标准体系为例，健全、完善的标准体系是企业标准化生产的必备条件，而目前我国无人机行业由于应用领域广泛、无人机体积、重量和规格等差异较大，管理法规缺失，标准体系尚未建立，致使无人机产品质量缺乏保证，技术要求难以统一，制约了行业的发展。虽然国家标准化管理委员会、科技部、工业和信息化部、民航局等联合出台了《无人驾驶航空器系统标准体系建设指南（2017—2018 年版）》，确立了标准体系建设的发展思路，但行业标准体系尚需完善，基础标准、管理标准、技术标准等空白尚待填补。

第五节 措施建议

一、深化无人机应急领域研究

此次疫情期间，全国各地利用无人机开展应急防疫工作，在空中巡查、消杀喷洒、人群零接触测温、夜间救援工程照明等方面发挥了难以替代的作用。政府方面应持续深化无人机在应急领域的研究，完善法律法规、机制管理、预案等在公共应急领域的应用。运用信息化手段，一是探索构建跨区域无人机应急联动机制，推动无人机融入区域应急协同体系；二是搭建无人机应急信息化平台，实现高效指挥、精准部署、合理调用，提升公共应急响应水平。

二、持续加强监管机制

一是做好无人机综合监管平台管理工作，大力推进空地联合、管放结合、多部门协同管理无人机的模式。二是聚焦无人机产品和配套设施管理，出台相关监管政策，完善无人机行业的运行体制机制，促进无人机行业的合法化运行。通过规范生产、销售和使用，预防事故、明确责任，有效引导无人机合法飞行。通过国家与地方的监管政策研究出台和落地实行，督促相关企业合规合法生产经营，确保无人机行业安全发展，推动行业健康良好有序发展。

三、拓展无人机衍生市场

无人机行业的发展持续促进商业模式的创新，企业除销售无人机硬件外，一是可以推出无人机编队表演商业服务，吸引更多的市场参与厂商，刺激消费需求，开创空域媒体新兴商业模式，为企业创造新的盈利增长点；二是继续拓展无人机租赁、维修保养、保险、培训等领域，向市场提供针对特定场景的专业化服务，逐步开拓产业链下游巨大发展空间。

四、控制芯片、动力电池和碳纤维复合材料是供应链中值得关注的投资方向

控制芯片方面，目前无人机控制芯片主要有 MCU、FPGA、ASIC 等，市场参与者多为海外芯片巨头高通、英特尔、英伟达等，中国本土企业较少。随着工业级无人机在我国的推广应用，针对特定任务场景的控制芯片的优化需求将逐渐凸显，专注研发专用芯片的企业将获得发展机会，参照整个无人机自动化产业芯片的发展趋势，专用芯片领域的投资具备较高价值。动力电池方面，目前无人机用主流锂电池容量较小，限制了无人机的续航时间，植保、巡检等工业级应用场景需同时配备多块电池交替使用，制约了无人机的商业化应用。随着国家标准《无人机用氢燃料电池发电系统》的出台，以及无人机对动力电池的重量、功率和安全需求的升级，氢燃料电池是值得关注的投资方向。碳纤维复合材料方面，由于其气动性能强、结构强度高、重量轻等特点，能满足无人机在使用过程中的飞行所需。国外无人机在机体结构上已采用低成本、轻质高强度的碳纤维复合材料。国内随着碳纤维复合材料技术的进步，无人机使用碳纤维复合材料将成为应用趋势，是值得关注的投资方向。

第十章

轨道交通装备

轨道交通装备是指在特定轨道上行驶的交通工具或运输装备及配套装备，涵盖传统铁路运输装备和城市轨道交通装备两大部分，传统铁路运输装备主要包括铁路客车、铁路机车、货车等；城市轨道交通装备主要包括地铁车辆、轻轨列车、有轨电车等。受新冠肺炎疫情影响，2020年，全球轨道交通装备产业规模下降明显，但从长期看，世界各国对轨道交通装备的"刚需"将推动产业规模持续上升。在发展产业环境方面，近年来国家出台了一系列轨道交通装备产业相关政策，有力地推动了轨道交通装备产业的高质量发展。在产业空间布局方面，中国轨道交通装备产业资源主要分布在湖南、山东、河北等制造业大省。

第一节　全球发展综述

一、全球轨道交通装备产业规模大幅下降

轨道交通装备是铁路和城市轨道交通运输所需的各类装备的总称，是国家公共交通和大宗运输的主要载体，属于高端装备制造业。短期来看，新冠肺炎疫情给全球产业链、供应链带来重创，国内外轨道交通装备企业的新冠肺炎疫情管控措施对企业的复工复产、项目推进、市场开发等带来负面影响，对轨道交通装备产业的发展造成阻碍。长期来看，美国、德国、法国等发达国家轨道交通发展较早，目前对轨道交通装备的需求主要集中在新旧装备替换和整车更新换代等方面；中国、东盟五国、南非等新兴市场和发展中经济体在城镇化建设、人口增长、经济发展等因素的推动下，轨道交通装备市场需求将持续提高，明确的市场需求将持续推动轨道交通

装备产业发展（见图 10-1）。

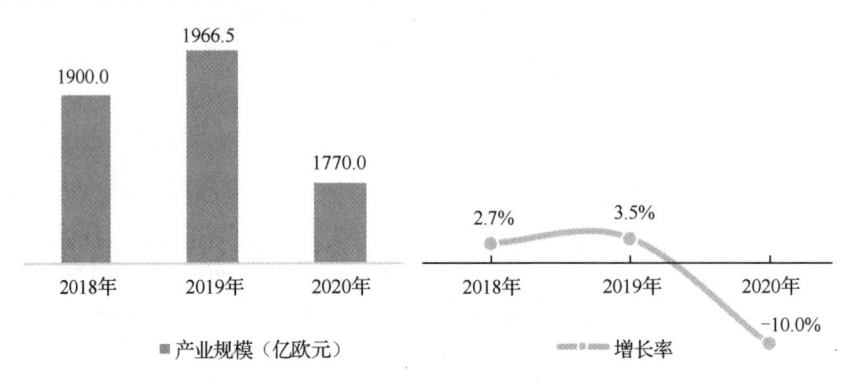

图 10-1　2018—2020 年全球轨道交通装备产业规模与增长率

数据来源：赛迪顾问，2020 年 2 月

二、轨道交通核心零部件产业规模占比最大

轨道交通装备主要涵盖整车装备、核心零部件、运营维护装备。其中，核心零部件作为轨道交通产业最具代表性的核心环节，在轨道交通装备中占比最高，产业规模达 626.6 亿欧元，占比达 35.4%，其次为运营维护装备，产业规模为 610.6 亿欧元，占比为 34.5%；整车装备产业规模最小，为 532.8 亿欧元，占比为 30.1%（见图 10-2）。

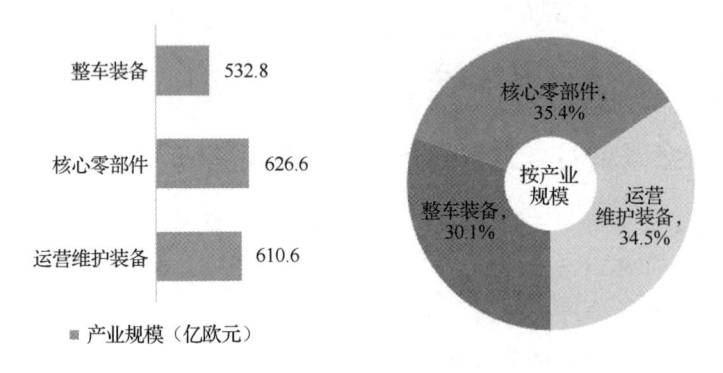

图 10-2　2018—2020 年全球轨道交通装备细分市场产业结构

数据来源：赛迪顾问，2021 年 2 月

三、亚太地区（除日本外）轨道交通装备产业规模在全球领先

不同地区的经济状况与城市化进程不尽相同，轨道交通装备产业的成熟度亦不相同，亚太地区（除日本外）相比于欧洲等发达地区，拥有大量的新

兴经济体和发展中经济体，在经济高速发展的推动下，以高铁为核心的传统铁路建设和城市轨道交通建设需求日益增加，逐步发展为全球轨道交通装备最具需求潜力的市场。在日益显著的市场需求驱动下，亚太地区（除日本外）轨道交通装备产业发展迅速，已培育出以中国中车、韩国现代罗特姆等为代表的全球轨道交通装备龙头企业，2020年亚太地区（除日本外）轨道交通装备产业规模占全球的47.9%，处于全球领先地位（见图10-3）。

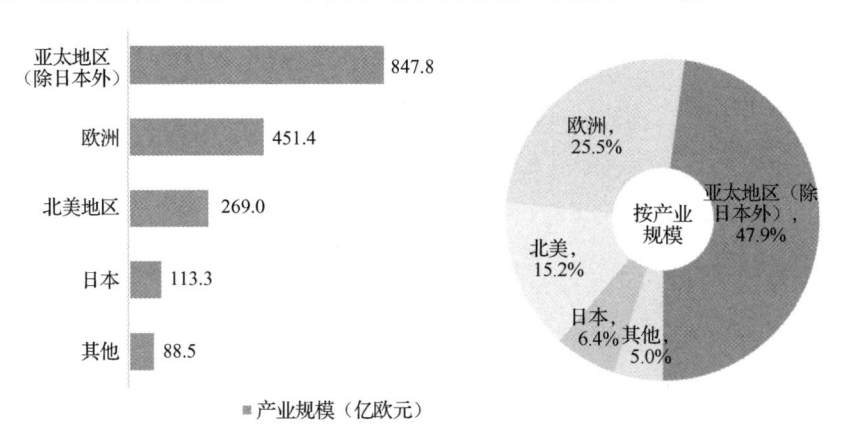

图10-3　2020年全球轨道交通装备产业规模区域结构

数据来源：赛迪顾问，2021年2月

四、新一代高效节能技术赋能轨道交通装备绿色化发展

随着社会经济的快速发展，资源紧缺、污染严重等问题日益突出，相比其他的交通方式，轨道交通的能耗比较小，但仍由于总耗电量较大而成为资源消耗的重要一环。近年来，随着节能技术的不断进步，以氢能源有轨电车、车身轻量化、供电系统能量回收为代表的新一代高效节能产品正加速推动轨道交通装备的绿色发展。目前，德国、中国、法国等国家均已开展轨道交通列车新一代高效节能技术，并在实际应用方面取得丰富经验，西门子的Trainguard MT列车控制系统在节能运行模式下，可使一条典型的地铁线路一年减少1万吨二氧化碳排放；中国中车研制的直流机车制动能量回馈系统在朔黄铁路装车运行期间，每年可为每台机车节省电费150万元，而其历时11年研制的永磁牵引系统则在沈阳地铁2号线装车期间，每年为线路节能约400万元费用。全球主要的轨道交通装备企业正加快氢能源有轨电车等新能源产品的研发储备工作，并积极探索碳纤维、铝钛合金、石墨烯材料、新

型涂料等产品在轨道交通装备领域的应用，持续推动轨道交通装备绿色化发展。

第二节 中国发展概况

一、国家政策驱动轨道交通装备产业快速发展

轨道交通装备因其快速高效、低碳环保、安全稳定、运力强大等优点，在我国经济社会发展中的地位和作用至关重要，是国家重大战略规划的重要组成部分，因此，国家通过产业政策的制定等途径对该行业进行调控，为行业发展提供了良好的政策环境（见表10-1）。2020年4月，国家发展改革委印发《关于促进枢纽机场联通轨道交通的意见》(以下简称《意见》)，提出加强政府政策和资金支持力度，创新优化补贴机制，促进枢纽机场轨道交通体系健康可持续发展，《意见》积极推动了我国轨道交通的建设和运营，进一步促进轨道交通装备产业发展。

表10-1 中国轨道交通装备产业主要政策

颁布时间	颁布主体	政策名称
2018年3月	国务院办公厅	《国务院办公厅关于保障城市轨道交通安全运行的意见》
2018年7月	国务院办公厅	《国务院办公厅关于进一步加强城市轨道交通规划建设管理的意见》
2019年6月	国家发展改革委、商务部	《鼓励外商投资产业目录（2019年版）》
2019年8月	交通运输部	《城市轨道交通设施设备运行维护管理办法》
2019年9月	中共中央、国务院	《交通强国建设纲要》
2019年11月	国家发展改革委	《产业结构调整指导目录（2019年本）》
2020年4月	国家发展改革委	《关于促进枢纽机场联通轨道交通的意见》

数据来源：相关部门，赛迪顾问整理，2021年2月。

二、交通强国建设战略为轨道交通装备产业发展提供新机遇

实施交通强国战略是我国经济稳定增长、区域城乡协调发展、国土空间开发、生产力布局完善、产业结构优化的重要支撑。《交通强国建设纲要》

明确提出，到 2035 年，中国将拥有发达的快速网、完善的干线网、广泛的基础网，城乡区域交通协调发展达到新高度；基本形成"全国 123 出行交通圈"和"全球 123 快货物流圈"；城市交通拥堵基本缓解，无障碍出行服务体系基本完善等；2020 年全国铁路新增运营里程仍维持高速增长，新增里程超过 4800 千米，其中高铁约 2500 千米，交通强国战略提出的中国轨道交通建设目标对加速完善我国轨道交通线网体系，带动轨道装备产业新增量具有重要作用。

三、轨道交通核心零部件产业规模突破 2000 亿元

在轨道交通装备产业结构中，核心零部件产业规模占比最大，达 2113.7 亿元，占比为 36.4%；其次为整车装备，产业规模为 1923.6 亿元，占比达 33.1%；运营维护装备产业规模为 1773.1 亿元，占比为 30.5%（见图 10-4）。

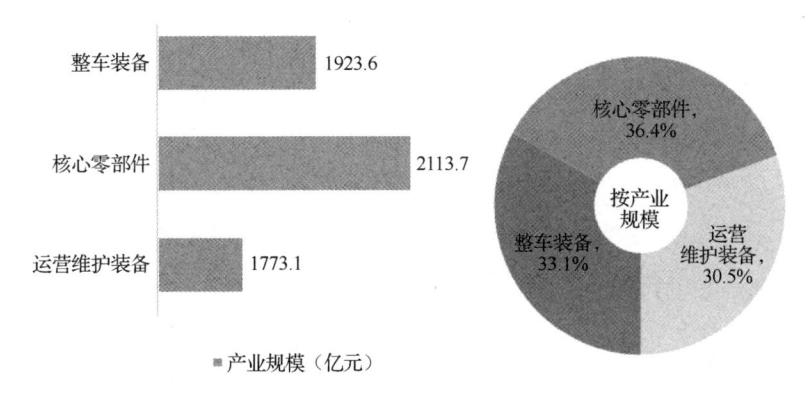

图 10-4 2017—2019 年中国轨道交通装备细分市场产业规模
数据来源：赛迪顾问，2021 年 2 月

四、湖南轨道交通装备产业规模位居全国第一

2020 年，湖南轨道交通装备产业规模达到 883.2 亿元，占比达 15.2%，居全国之首（见图 10-5）。轨道交通装备产业是湖南制造业的主导产业和支柱产业。目前，湖南已形成整机制造、核心部件、关键零部件协调发展的产业集群，汇聚了中车株机、中车株洲所、中车株洲电机等超过 300 家骨干企业及配套企业，正着力培育世界级的轨道交通装备产业集群。

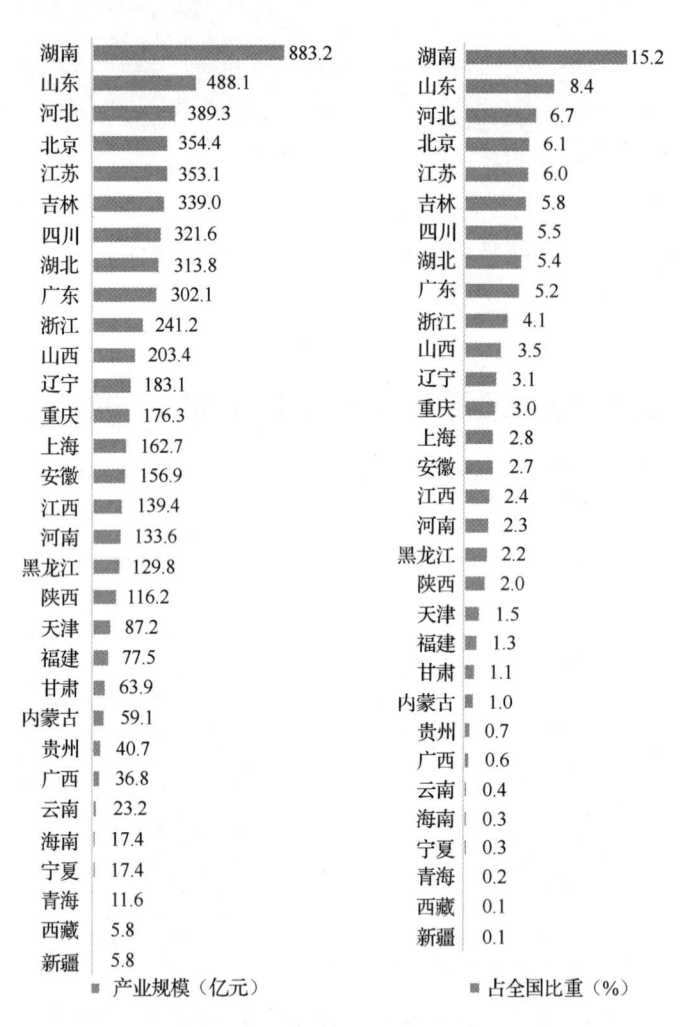

省份	产业规模（亿元）	占全国比重（%）
湖南	883.2	15.2
山东	488.1	8.4
河北	389.3	6.7
北京	354.4	6.1
江苏	353.1	6.0
吉林	339.0	5.8
四川	321.6	5.5
湖北	313.8	5.4
广东	302.1	5.2
浙江	241.2	4.1
山西	203.4	3.5
辽宁	183.1	3.1
重庆	176.3	3.0
上海	162.7	2.8
安徽	156.9	2.7
江西	139.4	2.4
河南	133.6	2.3
黑龙江	129.8	2.2
陕西	116.2	2.0
天津	87.2	1.5
福建	77.5	1.3
甘肃	63.9	1.1
内蒙古	59.1	1.0
贵州	40.7	0.7
广西	36.8	0.6
云南	23.2	0.4
海南	17.4	0.3
宁夏	17.4	0.3
青海	11.6	0.2
西藏	5.8	0.1
新疆	5.8	0.1

图 10-5　2020 年中国轨道交通装备产业省级行政区域结构与占比情况

数据来源：赛迪顾问，2021 年 2 月

第三节　行业龙头动向

2020 年，受新冠肺炎疫情影响，轨道交通装备产业的中国中车、中国通号等龙头企业的营业收入及利润发生下滑，但产业"创新驱动、智能转型、强化基础、绿色发展"的总基调仍未改变。如表 10-2 所示为 2020 年中国轨道交通装备行业重大事件。

表 10-2 2020 年中国轨道交通装备行业重大事件

序号	时间	事件说明	事件主体	影响/意义
1	2020 年 3 月	复兴 2B 型电力机车获准生证	中车大同电力机车	填补了我国 30 吨大轴重电力机车的技术空白
2	2020 年 6 月	中国首条全线采用永磁牵引系统的地铁长沙 5 号线开通	中车株洲电力机车	为中国城市轨道交通牵引系统升级换代起到示范引领作用
3	2020 年 6 月	时速为 600 千米的高速磁浮试验样车成功试跑	中车青岛四方机车	标志着我国高速磁浮交通系统研发取得重要突破
4	2020 年 9 月	成功签订"中老铁路动车组"合同,实现"复兴号"首次出海	中车青岛四方机车、中车大连机车	对推动和深化中老命运共同体建设具有深远意义
5	2020 年 11 月	中国轨道交通装备产品首次出口墨西哥	中车株洲电力机车	对促进中国、墨西哥两国深度合作、共赢发展具有深远意义
6	2020 年 11 月	基于车车通信的启骥(TACS)列车自主运行系统实现业内商用首发	中国通号	将进一步助力我国轨道交通信号系统领域取得领先地位
7	2020 年 12 月	时速为 250 千米的 CR300 型复兴号动车组成功研发投用	中车青岛四方机车	意味着时速 160 千米至 350 千米的复兴号系列动车组全部投用,中国轨道交通装备创新迈出重要一步
8	2020 年 12 月	时速为 350 千米的货运动车组成功下线	中车唐山机车	标志着我国轨道交通装备的自主创新水平再攀新高峰
9	2020 年 12 月	时速为 400 千米的跨国互联互通高速动车组成功下线	中车唐山机车	有助于机构改革、业务重组、技术创新
10	2020 年 12 月	自主化列控系统产品全部通过欧盟互联互通技术规范认证	中国通号	为支撑中国高端列控装备以 CTCS 标准或 ETCS 标准"走出去"奠定了坚实基础
11	2020 年 12 月	首个列车自主运行智能控制工程研究中心成立	中国通号	为研制具备世界领先水平的国家铁路列车自主运行智能控制系统及成套装备,实现快速成果转化和批量产业应用奠定基础

数据来源:赛迪顾问,2021 年 2 月。

第四节 存在的问题

一、原始创新能力不足,产业共性技术方面存在短板

从宏观角度看,中国的轨道交通技术在多项关键指标方面已处于世界领先位置,领先亦意味着产业继续发展需要原始创新的驱动,而目前中国轨道交通装备存在基础研究薄弱、前沿科技领域的科技资源利用率较低等问题;从微观角度看,我国轨道交通产业仍存在产业发展的瓶颈问题,动车制动系统等核心零配件仍主要依赖进口。

二、轨道交通装备产业产能过剩

从产业发展角度来看,若产能不足,便会成为卖方市场,不利于行业的发展;若产能过剩则意味着行业能力有冗余、竞争更充分,产能略过剩是有利于行业竞争和发展的,但当一个行业出现严重过剩时,就会造成大量浪费。而目前中国轨道交通装备产业就处于产能严重过剩状态,不仅在整车制造领域,还在核心零部件环节如电气系统、信号通信系统等领域存在产能过剩问题,此外,产业发展所需的铝合金、不锈钢等原材料制造能力也处于过剩状态。

三、城市申报门槛提高,潜在市场需求逐渐减少

近年来,部分城市由于规划过度超前、建设规模过于集中、财政资金不到位,加重了自身债务风险。为此,国务院发布《国务院办公厅关于加强城市快速轨道交通建设管理的通知》,严格规范了城市轨道交通建设的申报条件,提高了申建地铁、轻轨城市的公共财政预算收入、地区生产总值、市区常住人口、客流规模等指标,并对规划周期、规划报批做出严格规定,城市地铁建设将有所放缓。该项规定在促进我国城市轨道交通行业向着更稳健、有序、可持续的方向发展的同时,也在客观上阻止了符合申报条件的潜在城市轨道交通项目建设,进而减少了轨道交通装备市场需求。

第五节 措施建议

一、加强轨道交通装备产业自主创新，提高产业链自主可控能力

产业链的短板关系着中国产业链的安全和稳定，深刻影响着中国轨道交通装备企业的竞争力，近年来，我国轨道交通装备产业在主要产品领域取得了一定突破，基本满足我国铁路和城市轨道交通运营需求，部分产品已达到世界先进水平，但在基础材料、基础工艺和关键技术等方面仍受制于人。因此建议：一是推动轨道交通装备产业链上中下游企业及大中小企业协同创新，联合攻克关键核心技术；二是鼓励企业建设工程技术中心、企业技术中心、重点实验室等创新载体；三是通过创造良好的科研生态，优化研发布局，推进学科交叉融合，完善共性基础技术供给体系，提升产业链整体创新能力。

二、推动城市群轨道交通一站式出行服务，激发轨道交通出行新业态

目前，乘坐中国城际铁路的乘客需提前购票并按车次乘坐，并且不同系统间需要多次购票、多次安检，为城市群内通勤的人带来很多不便，因此建议政府聚焦提升城市群轨道交通乘客出行便捷性，利用人工智能、物联网、大数据等新一代信息技术，积极建设城市群一体化综合交通信息服务系统。同时，对现有票务、检修系统等车站装备进行技术标准兼容和升级，从而实现跨区域、跨部门、多交通方式系统信息的整合与共享，提升城市群内人员乘坐轨道交通的出行体验。

三、以产品制造为中心，推动轨道交通装备制造企业向产业链下游延伸

从"微笑曲线"看，生产加工环节处于价值链低端，服务环节处于价值链高端，服务所创造的价值约占生产总值的 2/3；从世界制造业发展实践看，世界 500 强企业中有数十家跨国制造企业的服务收入超过总收入的 1/2；从发展基础来看，大数据、云计算、工业互联网、人工智能等技术的逐步成熟

和产业利用亦将赋能制造业的服务化转型。因此，建议轨道交通装备制造企业以产品制造为中心，通过发展服务型制造，积极扩大轨道交通装备产业链在设计、研发、测试验证、系统集成和认证等方面的增值服务业务，逐步实现由"生产型制造"向"服务型制造"转型。

区域篇

第十一章

北京市

第一节 发展概况

一、智能装备产业发展基本向好

近年来，北京市充分利用与发挥密集的科教资源优势，形成一批科研创新成果，为智能装备产业发展奠定了坚实基础。2020年，北京市智能装备产业规模约1500亿元，其智能装备产业呈现中高端装备产品占比较高的特点。通过实施"智造100"和"北京市智能制造系统解决方案供应商"等应用示范项目，北京市突破了一批关键零部件/元器件、工业软件、装备和系统的研发与产业化，并通过智能制造驱动实体经济、制定行业标准等做法，推动了北京市智能装备产业的稳步发展。

二、智能制造驱动因素逐渐增强

制造业是实体经济中最重要、最基础的部分，制造业对GDP的贡献占比逐年递减已成为我国经济发展的事实。2020年，北京市二产增加值仅占区域GDP的15.8%，制造业占比不足13%。相比于营业收入和营业利润的增速，营业成本的增速更快。北京市常住人口的逐年递减也增加了基础制造业企业的用工压力。综上分析，制造业发展需要以智能制造为主攻方向，而制造业企业营业成本的持续上涨和招聘技术工人的难度持续增大，都形成了北京市持续推进智能制造的重要驱动力。

三、逐渐成为智能制造行业标准集中区域

"十三五"期间,我国发布 285 项智能制造国家标准。在已发布的 285 项智能制造国家标准中,北京经开区主导制定了 47 项、参与制定了 49 项,是我国智能制造国家标准制定的先头部队。北京市通过国家标准的制定与发布,推动了室内企业数字化、网络化、智能化转型,解决了转型升级中遇到的难点问题,以亦庄水务智能水厂为例,智能制造相关标准的制定与发布,使其工厂简称"黑灯工厂",各项效率均得到明显提高。

第二节　主要特点

一、智能工厂助力企业智能转型

2020 年,北京市持续深入《"智造 100"工程实施方案》,提出加快推进制造业智能化转型升级,形成可复制、可推广的智能制造经验与模式。北京市经济和信息化局组织开展 2020 年北京市智能制造标杆企业申报工作。亦庄水务探索出的"智能水厂"是一套可应用、可复制、可增效的水处理新模式,不仅是水处理行业的创新之举,更能带动上下游产业进行全面升级;北京现代依托其生产技术研发中心,持续探索构建智能工厂,先后发布了基于定位传感器、大容量存储器及无线通信芯片的智能标签系统,高级驾驶辅助系统集中检测系统,以及智能系统扫描喷漆检测纸等智能制造新技术。

二、数字化车间推动数字技术赋能制造业

2020 年,北京市持续以数字化车间为主要抓手,深入推进智能制造发展。在公布的 2020 年北京市智能制造标杆企业中,建有数字化车间共 7 家。例如,曲美家居在强大的智能制造体系的支持下,从万物系列、凡希系列到悦时系列、嘉炫系列等,构成了更加丰富时尚的产品矩阵。而柔性化生产链条让全品类开放定制成为现实,更好地满足了个性化消费时代用户多元化的需求。

三、以工业互联网为抓手,推进数字化转型

北京市正处于构建高精尖产业结构的关键时期,高度重视发展工业互联网,以工业互联网为抓手,促进工业企业数字化转型。2020 年,北京市在工

业互联网细分领域均有布局，多个领域在全国保持领先地位：在工业互联网边缘侧，加速推进关键技术产品发展；在工业互联网网络服务环节，实行全面覆盖，提升服务商整体实力；在工业互联网平台服务环节，逐步形成多级体系，创新赋能能力突出。

四、软件业务环节全面覆盖，细分领域龙头集聚

五、创新应用试点示范国内领先，典型应用场景形成典型案例

六、形成国内最大安全产业集群，监测体系初步成型

第三节　推进举措

一、发布机器人产业创新发展行动方案

为贯彻《北京市加快科技创新发展智能装备产业的指导意见》，推动机器人产业高质量发展，北京市经济和信息化局印发了《北京市机器人产业创新发展行动方案（2019—2022 年）》，重点实施"五四三二"工程。"五"，即培育发展"4+1"重点产业方向——医疗健康、特种、协作、仓储物流机器人及机器人关键零部件；"四"，即推广四大产业创新模式——产学研用协同、央地协同、创新创业孵化、跨界融合创新模式；"三"，即激活三大应用服务市场——加大机器人在工业领域推广应用力度、开展服务民生领域示范应用及推动公共安全领域示范应用；"二"，即破解两大产业协同路径——完善机器人产业配套体系、推动京津冀机器人产业协同发展。力争到 2022 年，机器人创新能力和产业实力明显增强，示范应用成效显著，在全国形成重要影响力。

二、设立 2020 年北京市高精尖产业发展资金

2020 年，为全面落实《国务院关于印发北京加强全国科技创新中心建设总体方案的通知》《中共北京市委　北京市人民政府关于印发加快科技创新构建高精尖经济结构系列文件的通知》等政策要求，加快构建北京市高精尖产业经济结构，北京市于 2020 年发布高精尖产业发展资金（以下简称"高精尖资金"）公告，聚焦智能制造领域，支持企业数字化转型升级，重点支持以下方面：一是对工业企业开展智能制造相关项目建设的贷款给予贴息；二

是对智能制造服务商为工业企业开展赋能服务给予奖励；三是对智能化转型升级有重要促进作用或示范效应，且获得国家级、市级或权威机构称号的企业给予奖励。

三、提出"新智造100"工程实施方案（2021—2025年）

为贯彻落实《中共北京市委关于制定北京市国民经济和社会发展第十四个五年规划和二〇三五年远景目标的建议》精神，北京市进一步推动先进制造技术与新一代信息技术深度融合，坚持智能制造、高端制造、绿色制造方向，加速推动首都现代经济体系建设与产业高质量发展，在"智造100"工程取得的成果基础上，实施"新智造100"工程。工程重点任务包括推动制造业智能化转型和提升制造业供给侧能力，将开展建立北京智能制造评估诊断体系、打造智能制造标杆示范、推动规模以上制造业企业智能化转型升级、促进小微制造业企业降本提效与健康发展、推动绿色智能制造协同发展、拓展智能制造新模式新业态、提升智能制造系统集成供给能力、提升关键技术装备与核心软件供给能力、提升智能制造新技术供给能力等具体举措。

第十二章

上海市

第一节　发展概况

一、智能制造基础不断夯实

上海市一批智能制造装备和工业软件实现突破。上海市实现关键装备、核心部件与工业软件的首台（套）突破 40 余项，承担国家智能制造综合标准化与新模式应用 37 项，牵头制定智能制造相关标准共 66 项，其中已发布标准 32 项。上海市集聚了机器人、增材制造等一大批智能制造装备整机、零部件企业，以及 MES、PLM 智能制造软件集成企业，形成了从研发、制造到集成应用的完整产业链，成为国内规模最大的智能制造核心装备产业集聚区。在高端智能装备首台突破专项政策的支持下，一批数字化车间/智能工厂建设急需的自主核心装备研制取得重大突破，其中，技术水平达到国际首台实现打破垄断、进口替代的装备占比超过 30%。

二、重点行业智能转型与试点示范推广成效显著

一批智能制造新模式应用项目取得初步成效。上海市在汽车、高端装备、电子信息、航空航天等重点行业中选择骨干企业，开展智能车间/工厂试点建设，重点培育离散型智能制造、流程型智能制造、网络协同制造、大规模个性化定制、远程运维服务等智能制造新模式，目前已初步建成 14 个国家级智能工厂、80 个市级智能工厂。上汽通用凯迪拉克工厂是全球最先进的汽车制造工厂，拥有 1340 名职工，使用 500 台工业机器人，机器人密度高达 3731 台/万名产业工人；海立集团作为全球最大的独立空调压缩机制造商，

其上海工厂的机器人密度达到 630 台/万名产业工人。经对国家和本市智能工厂项目的初步统计,实施智能化转型后的企业生产效率平均提升 50% 以上,运营成本平均降低 30% 以上,效果优于全国平均水平。

一批制造业企业加快向智能化整体转型。近年来,上海市大力推进以智能化改造为主的企业技术改造,推动规模以上企业实施智能化转型 500 余家,市级技改项目中,智能化改造项目数量占比超过 50%。从行业分类看,智能化升级既涵盖汽车、集成电路、航空航天等先进制造业,也包括食品、纺织等传统行业。汽车、电子、机械、轻工等领域改造项目中,智能化设备、机器人、机械手数量占全部设备数量比重约 35%,投资金额占比达 54%。从改造环节看,生产制造环节在智能化升级的同时,也向技术创新、检验检测、物流仓储等生产经营全流程渗透。智能制造已成为各行业适应市场竞争新形势和制造业发展新趋势的主动选择。

三、智能制造生态建设持续扩大

一批智能制造及机器人系统集成企业发展壮大。上海市 16 家智能制造系统解决方案供应商进入国家推荐目录,30 家进入上海市推荐目录。在汽车、高端装备、电子信息等领域,培育了科大智能、电气自动化集团等一批具有行业影响力的系统解决方案供应商,ABB、发那科等国际四大工业机器人巨头集聚上海市,新松、新时达等本地机器人企业加速成长。上海市已成为国内最大的智能制造系统集成解决方案输出地,上海市工业机器人产业规模位居全国第一,2019 年,上海市智能制造系统集成和机器人集成企业实现工业总产值超 400 亿元。

一批服务智能制造的平台、行业组织和金融机构成立。一是组建上海市智能制造研发与转化功能型平台。增强共性技术供给;引入德国弗劳恩霍夫协会在临港建设国内首个海外项目中心。二是组建上海市机器人研发与转化功能型平台,围绕机器人可靠性与智能化两大核心技术,促进上海市机器人生态建设。三是组建智能制造协会。发挥行业组织的作用,开展行业对接服务。四是金融助推,提供多层次资金保障。与民生银行等金融机构达成战略合作协议,提供不低于 500 亿元的智能制造专项额度,推动商业银行制定智能制造企业金融服务方案,支持智能制造产业融资;支持产融结合,促进智能制造企业通过多层次资本市场开展直接融资、并购交易。

第二节　主要特点

一、加强顶层设计，强化标准先行

《上海市智能制造行动计划（2019—2021年）》明确提出上海要牵头制定50项智能制造标准，进一步完善智能制造标准体系，进一步夯实智能制造发展基础。组织开展智能制造基础共性、关键技术、重点行业标准与规范的研究制定工作，搭建标准试验验证平台，提升上海市在智能制造标准方面的话语权。在推动长三角区域协同合作中，鼓励支持三省一市企业、高校院所组成联合体开展智能制造标准制定，推动国家智能制造标准在三省一市先行先试。三省一市共同制定数字化车间/智能工厂评价标准，打造一批国际先进、模式创新的示范性智能工厂。

二、打造智能工厂，加强标准推广

2020年上海市制定发布了《上海市建设100+智能工厂专项行动方案（2020—2022年》，实施"10030"工程，即打造100家无人工厂、建设10家标杆性智能工厂、培育10家行业一流的智能制造系统集成商和10家垂直行业工业互联网平台服务商。突出"两个聚焦"：一是聚焦智能制造应用端，加大政策力度，持续推进汽车、电子信息、民用航空、生物医药、高端装备、绿色化工及新材料等重点行业的智能化转型升级，形成一批相关行业的智能制造标准；二是聚焦智能制造供给端，着力培育一批智能制造系统集成商和一批垂直行业工业互联网平台服务商，通过提升供给能力，有效推广智能制造相关标准和成功经验，支撑上海市制造业智能化转型升级。对于智能工厂的认定标准，上海市参考国家标准《智能制造能力成熟度模型》《智能制造能力成熟度评估方法》，根据上海市制造业的特点和重点产业，研究制定了"上海智能制造标杆工厂评估标准"，针对离散型智能工厂和流程型智能工厂分别设定了基础要求、要素条件和评分标准。在设备智能化、生产过程智能化、产品及服务智能化、新技术应用等方面明确了细分指标和评分要点。在评估标准落地推广方面，开发了智能工厂测评系统，供企业开展智能工厂自评估。企业可通过微信公众号或网页访问进入测评系统注册企业基本信息，上传企业简介和智能工厂相关材料，填写智能工厂自评情况调查问卷。专家根据企业自评情况及评审资料给出测评分数。到2020年年底，智能工厂测评工作已收到 602 家企业注册、494 家测评问卷,得分情况:80 分以上 54 家、60 分以上 142 家。在智能工厂储备项目方面,已收到在建项目约 240 个。

三、建设特色园区,注重定向推广

2020 年上海市集中推介 26 个特色产业园区,并有针对性地出台了规划、土地、金融、服务等环节的配套政策。在 26 个特色产业园区中,上海机器人产业园、外高桥智能制造服务产业园、闵行开发区智能制造产业基地等 8 个园区为智能制造特色园区,是数量最多的特色类别。建设智能制造特色产业园区,就是为了稳住经济基本盘,集聚全球创新要素资源,激发企业新活力。一要聚焦特色,发挥园内龙头企业和重大项目的引领作用,在机器人、智能制造服务、智慧出行、5G 等细分领域形成各自特点,便于推广特色领域的标准。二要补齐短板,培育和招引拥有核心技术的企业,补齐产业链短板,增强产业链质量,研究制定一批技术标准。三要培育动能,加大新型基础设施建设力度,加大招商引资和产业培育力度,以项目建设和应用带动新技术研发、新标准推广、新模式创新,形成产业经济新场景、新动能。

第三节 推进举措

一、推行"十百千"工程,以试点示范、标准引领为重点,实现数字化制造

为贯彻落实《智能制造发展规划(2016—2020 年)》,上海市经济和信息化委员会印发了《关于上海创新智能制造应用模式和机制的实施意见》。通过培育 10 家引领性智能制造系统解决方案供应商、建设 100 家示范性智能工厂、带动 1000 家企业实施智能化转型,培育智能制造应用新模式,建立智能制造应用新机制。

二、发布三年行动计划,以行业推广、技术融合为重点,实现"互联网+制造"

为响应推动互联网、大数据、人工智能和实体经济深度融合的战略部署,上海市经济和信息化委员会印发了《上海市智能制造行动计划(2019—2021 年)》,按照"以示范带应用,以应用带集成,以集成带装备,以装备带强基"的思路,提出产业创新突破行动、重点行业智能制造推广行动、平台载体

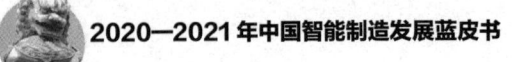

提升行动、区域协同发展行动、新兴技术赋能行动、跨界融合创新行动六大行动。

三、启动"10030"工程，以建设智能工厂、做大集成商为重点，探索新一代智能制造

2020年，上海市经济和信息化委员会等六部门发布的《上海市建设100+智能工厂专项行动方案（2020—2022年）》面向上海市重点产业，打造100家无人工厂，建设10家标杆性智能工厂，培育10家行业一流水平的智能制造系统集成商，培育10家垂直行业工业互联网平台服务商。重点突出智能制造应用，推动工业机器人的使用，分产业领域设定细分目标，成为"十四五"期间务实的举措。

第十三章 天津市

第一节 发展概况

一、智能制造发展态势良好

天津市总体工业水平位于全国前列。2020年,天津市地区生产总值为14083.73亿元,同比增长1.5%,制造业增加值由降转增,同比增长1.5%,拉动规模以上工业增长1.0个百分点。近年来,天津市加快新兴产业培育、工业企业技术改革,加速中小企业转型升级。全年高技术产业增加值增长4.6个百分点,高于规模以上工业增加值3.0%,同比增加1.5%,占比为15.4%,提高1.4个百分点;工业战略性新兴产业增加值增长4.4%,同比增长0.6个百分点,占比为26.1%;新动能投资有较大幅度增长,其中高技术产业投资同比增长14个百分点,战略性新兴产业投资同比增长1.8个百分点,智能制造投资同比增长22.9%;中小企业累计培育了35个国家级专精特新"小巨人",认定了197家市级"专精特新"企业;拥有国家级企业技术中心68家,市级企业技术中心646家,市级制造业创新中心9家,国家技术创新示范企业总数达22家,信息安全、动力电池入选全国20个先进制造业集群,天津(西青)国家级车联网先导区揭牌,天津经济技术开发区入选首批国家数字服务出口基地,"中国信创谷""北方声谷"及市数字经济产业创新中心等新增长点正在形成。

二、智能科技产业成为高质量发展重要引擎

2020年,天津市进一步建设全国先进制造研发基地的功能定位,在智能

制造领域政策方面持续增加投入力度，出台了《天津市关于进一步支持发展智能制造的政策措施》，对支持企业智能化转型、支持工业互联网发展、加快培育新兴产业、支持发展绿色制造、提升研发创新能力、支持优质企业发展、加快大数据产业发展七个方面的 26 个子项提出具体的支持措施。天津市智能制造发展势头良好，智能制造投资快速增长，截至 2020 年，智能制造财政专项资金投入超过百亿元，充分发挥了引导和撬动作用，有效调动广大社会资本投入，已累计为 1700 余个项目提供支持。在工业技改投资方面，保持年均增长 20%以上的投资力度，102 家智能工厂和数字化车间先后完成创建工作，完成投资增长 22.9%。

三、智能制造产业链条初步形成

截至 2020 年，天津市两化融合管理体系贯标试点企业遴选确定 238 家，宜科汽车制造行业工业互联网平台等 6 个项目入选工业和信息化部 2020 年制造业与互联网融合发展试点示范名单。天津市着力推动智能制造产业发展，加大培育力度，创新培育手段，集成政策、集聚资源，加快培育、引进智能制造、新兴产业相关企业，初步形成智能制造产业链条。在企业招引方面，霍尼韦尔、西门子、欧玛执行器、华为云、紫光云、阿里云、海尔集团、浪潮软件等知名智能制造企业、智能化解决方案供应商和平台服务商纷纷落户。在传统产业的智能化升级方面，天津市推动多项国家级、省级试点示范项目，重点打造丹佛斯机械行业离散型智能制造模式、红日药业医药行业流程型智能制造模式，成功建设长荣印刷装备智能工厂、诺和诺德生物医药智能工厂、长城汽车离散型智能工厂、海尔家居行业智能工厂等。在智能制造企业培育方面，天津市加大企业培养力度、创新培育手段，深之蓝海洋设备、筑高机器人等新一代智能制造企业不断涌现。

第二节　主要特点

一、以产业龙头拉动产业链智能化发展

当前，天津市围绕产业链重大项目、龙头企业，树立离散型智能制造、流程型智能制造、网络协同制造、大规模个性化定制和远程运维服务五种智能制造模式典型标杆，加大资金补贴力度，快速复制推广，带动全产业链的智能化升级，提升区域整体水平。其中，丹佛斯机械行业离散型智能制造模式、天津

海尔洗衣机互联工厂、中科曙光先进计算设备智能工厂、力神动力电池智能工厂等,在本行业中均起到了引领和示范作用,带动发展其他同类型跟随企业,形成"做强一个、跟进一批、带动一片"的态势,推动产业高质量发展。

二、加大智能制造人才引培力度

人才是智能制造发展的关键所在,天津市在发展智能制造产业的同时,更加注重智能制造人才的培养。自 2018 年以来,天津市先后实施"海河英才"行动计划和"海河工匠"建设政策,两大人才强市战略为天津市发展提供高层次、高技能人才保障。围绕战略性新兴产业的发展需求,先后出台了领军企业认定办法,总计认定领军企业超过 300 家,2700 多名急需人才被企业自主引进。2020 年,由天津大学、河北工业大学、中国兵器北方动力等近 200 家京津冀领军企业、高校、科研院所参与的天津高端装备和智能制造人才创新创业联盟正式成立。下一步,天津市将进一步强化人才招引与招商引资工作推进力度,加快建设高端装备、智能制造产业集群,持续建设人才高地。

三、重视智能制造对外合作

天津市持续深化智能制造对外合作,推动产业持续发展。具体来看,一是依托世界智能大会,整合智能制造领域优势资源,树立智能制造领域品牌优势。二是建设高水平开放平台,针对智能制造产业发展需求建立双向合作机制,积极招引跨国公司、海外机构等,在天津市落地智能制造示范工厂、智能制造研发平台及智能制造培训中心。三是天津市作为京津冀一体化协同发展引擎城市,为发挥京津冀智能制造协作一体化发展的平台作用,全面加强与京冀产业对接协作,加强京津冀地区智能制造产业链的协同发展,北斗导航北方总部等签约落地重点项目 101 个,在一批高端项目带动下,以滨海新区战略合作功能区为综合承载平台,中关村科技园、京津中关村科技城等若干专业承载平台为框架的"1+16"承接格局构建成型。

第三节 推进举措

一、完善的政策体系支撑智能制造产业发展壮大

天津市政府于 2018 年印发《天津市人民政府办公厅印发天津市关于加

快推进智能科技产业发展若干政策的通知》（津政办发〔2018〕9号），聚焦智能科技重点领域，设立智能制造专项资金，资金总额达100亿元，较好地发挥了政策的引导和撬动作用，有效调动社会资本投入。针对专项资金执行过程中存在的问题和企业诉求，天津市积极借鉴先进省市经验，进一步落实智能科技产业政策，编制了《天津市关于进一步支持发展智能制造的政策措施》（津政办规〔2020〕16号），对现有政策进一步整合内容、扩大范围，更加注重新动能引育和传统动能提升，企业对于智能制造的接受度普遍升高，推动智能制造产业持续向高端领域发展。

二、以建设智能制造品牌带动产业发展

2017年开始，天津市为建设智能制造品牌，打造城市智能名片，连续四年成功举办世界智能大会。四届大会共成功签署合作协议348项，协议投资额超过3500亿元。签署的合作协议中，包含6项部市、院市等合作协议，13项行业龙头与天津市签署的战略协议，天津市各区、各部门签署具体项目合作协议329项。截至2020年，以世界智能大会为契机，天津"1+3+4"现代产业体系基本建立，"智能"作为天津市的一张全新城市名片，助力天津市走稳、走好高质量发展道路。

三、落实京津冀城市群智能制造协同发展职责

天津市紧紧围绕"全国先进制造研发基地、北方国际航运核心区、金融创新运营示范区、改革开放先行区"的功能定位，勇于担当、主动作为，同北京一起发挥中心城市的关键作用，具体来看：一方面，天津市强化自身产业制造优势，全力打造国家先进制造研发基地，大力推动多个承接平台建设，促进智能制造相关资源互享、政策互惠、功能互补、融合互动；另一方面，天津市深入研究梳理京津冀三地智能制造相关产业，明确重点发展方向，加快相关智能制造领域布局，高效推动重点领域协同，联手打造世界级先进制造产业集群。

第十四章

江苏省

第一节　发展概况

一、智能制造发展增势良好

江苏省作为制造业大省，深入贯彻落实制造强国战略，聚焦智能制造方向，通过强化政策支持、推动技术创新、深化改革开放和优化营商环境，智能制造发展取得了显著成效。2020年，规模以上工业增加值同比增长6.1%，其中轻工业增长4.2%、重工业增长6.8%。从具体行业看，工业机器人、高档数控机床、医药健康、汽车零部件、电子信息等先进制造业产业链逐步完善。先进制造业产业集群发展迅速，有9个集群入围国家先进制造业集群决赛，制造业基础更加坚实、竞争力进一步增强。

二、智能制造创新能力逐步增强

江苏省深入实施创新驱动发展战略，创新支撑和引领发展的能力进一步增强。2020年，全社会研发投入占比达2.82%，高新技术企业总数超过3.2万家，万人发明专利拥有量为36.1件，科技进步贡献率达65%。苏南国家自主创新示范区建设取得明显成效，未来网络、高效低碳燃气轮机、纳米真空互联实验站等国家重大科技基础设施建设加快推进，国家重点实验室、国家级孵化器数量居全国前列。战略性新兴产业、高新技术产业产值占规模以上工业比重分别达37.8%和46.5%，数字经济规模超过4万亿元。大众创业、万众创新深入推进，新产业、新业态、新模式发展势头强劲。

三、智能制造新动能不断提升

江苏省加快推动先进制造业发展，不断提升发展新动能。2020 年，全省高技术产业和装备制造业增加值同比分别增长 10.3%和 8.9%，高于规模以上工业 4.2 个和 2.8 个百分点，对规模以上工业增加值增长的贡献率分别达 37.4%和 71.4%。分行业看，电子、医药、汽车和专用设备等先进制造业增加值分别增长 9.4%、12.2%、4.5%和 9.8%，代表智能制造、新型材料、新型交通运输设备和高端电子信息产品的新产品产量实现较快增长。碳纤维增强复合材料、新能源汽车、城市轨道车辆、集成电路和太阳能电池等新产品产量同比分别增长 48.9%、42.0%、24.5%、22.3%和 16.5%。

第二节　主要特点

一、"园区经济"成为智能制造发展的重要引擎

"园区经济"已成为江苏省智能制造最具优势和特点的产业载体，借助"长三角一体化"的东风，江苏省以新型电力装备、工程机械、物联网、高端纺织、前沿新材料、生物医药和新型医疗器械、集成电路、海工装备和高技术船舶、高端装备、节能环保、核心信息技术、汽车及零部件产业、新型显示为代表的 13 个世界级产业集群正快速崛起，智能制造集群化发展特征日益显著。

二、改革开放助力智能制造"走出去"

江苏省以"一带一路"交汇点建设为统领，开放型经济水平进一步提升。2020 年，全省完成进出口总额 44500.5 亿元，同比增长 2.6%。其中，出口额为 27444.3 亿元，同比增长 0.9%；进口额为 17056.2 亿元，同比增长 5.5%。从出口产品看，机电、高新技术产品出口额分别增长 2.4%、2.8%。从出口市场看，对美国、欧盟和日本出口同比分别下降 2.5%、下降 0.9%和增长 0.1%，对印度、俄罗斯和东盟出口分别下降 14.8%、增长 5.9%和增长 8.4%。对"一带一路"沿线国家和地区出口保持增长，出口额为 7393.4 亿元，同比增长 1.5%；占全省出口总额的比重为 26.9%。国资国企、科技、价格、自然资源、农业农村等重点领域改革扎实推进。全省机构改革工作全面完成，政府职能转变加快推进。全省营商环境总体水平位居全国前列。

三、持续推动绿色发展，促进智能制造提质增效

江苏省认真落实"共抓大保护、不搞大开发"的战略要求，累计关停取缔"散乱污"企业57275家，处置"僵尸企业"876家，钢铁、水泥等行业完成去产能任务，二氧化硫、氮氧化物、化学需氧量、氨氮四项主要污染物排放分别下降约28.4%、25.8%、14%、14.6%，碳排放强度降低24%，单位地区生产总值能耗下降20%以上，均超额完成国家下达的目标任务。坚决打好蓝天、碧水、净土保卫战，生态环境质量持续好转。2020年，全省PM2.5平均浓度为38微克/立方米，优良天数比例达81%，水环境国考断面优Ⅲ类比例达86.5%，创"十三五"时期以来最高水平。深入推进土壤保护和污染治理修复，土壤环境风险得到有力管控。生态文明建设示范市县数量居全国前列。

第三节 推进举措

一、确立创新为先，加强智能制造综合实力提升

江苏省出台了《关于提升自主可控能力推动制造业高质量发展的实施意见》。提出要实施关键核心技术（装备）攻关工程，创新支持方式，在5G基站高性能介质波导滤波器、超高纯高温单晶母合金等方面技术取得阶段性突破。加快首台（套）重大装备和首版（次）软件产品应用推广，入围国家首台（套）保险项目50个，列入重点应用推广目录的首版（次）高端软件产品增至51项。持续推进高水平创新载体建设，大力支持先进功能纤维和集成电路先进工艺及封装测试2家国家制造业创新中心发展，省级以上制造业创新中心达11家。在软件、建筑行业新认定一批省级企业技术中心，累计达2464家。新增国家技术创新示范企业3家、累计48家。

二、加强政策支持，统筹疫情防控和经济社会发展

面对新冠肺炎疫情、世界经济萎缩等带来的严重冲击和空前挑战，江苏省坚持"两手抓、两手都要硬"的工作要求，统筹推动疫情防控和经济社会发展，先后出台"苏政50条""惠企22条"及稳外贸外资等政策措施，全省减税降费达2520亿元，金融机构向企业让利1500亿元，经济社会迅速恢复正常，"六稳""六保"任务有效落实。2020年3月中旬，复工面和返岗率

就分别达 99.7%和 90%。全省经济增长由负转正，全年地区生产总值增长 3.7%，一般公共预算收入增长 2.9%，规模以上工业增加值增长 6.1%、利润增长 10.1%，在经济大省中均位居前列。外资外贸逆势增长，实际使用外资 283.8 亿美元，居全国首位，同比增长 8.6%；外贸进出口同比增长 2.6%。

三、聚焦先进制造业集群培训，推动智能制造提质增效

江苏省率先提出"全面梳理产业链、精准打通供应链"的工作思路，对 13 个集群 27 条重点产业链逐个进行全链条梳理，精准服务打通堵点断点，帮助企业释放产能。统筹推进一流企业培育等任务，新能源汽车、集成电路、通信设备等多个集群细分行业的营业收入实现两位数增长，9 个集群入围国家先进制造业集群竞赛决赛。建立省领导挂钩联系优势产业链制度，推动土地、金融、创新等要素向集群和重点产业链倾斜，协调解决产业链发展中的重大事项。开展大规模技术改造，每年重点支持 20 个左右带动能力强、示范效应强的重大技术改造项目，中兴通讯智能制造基地、华虹半导体、三一重机智能装备、中天钢铁精品钢建设和盛虹炼化一体化等一批投资过百亿元的项目加快建设。

第十五章

广东省

第一节 发展概况

一、产业规模效益不断提升

近年来,随着制造业的数字化、智能化、网络化转型加快,广东省依托强劲的制造业和新一代信息技术产业基础,智能制造发展水平在全国领先。从工业发展规模与效益来看,广东省统计局数据显示,2020年广东省规模以上工业增加值达3.31万亿元,在"十三五"期间年均增长约5.3%,工业经济总量连续多年位居全国前列;广东省工业企业营业收入高达14.69亿元,利润总额为9286.90亿元,同比增长3.2%,位居全国第一。从先进制造业发展来看,2020年,广东省先进制造业、高技术制造业增加值占规模以上工业比重分别达56.1%、31.1%,较2015年分别提高8.2个、5.6个百分点,先进制造业和高技术制造业增加值增速均高于同期全省工业增速(见图15-1)。在智能装备与工业机器人领域,2020年广东省智能装备产业增加值超4000亿元,工业机器人年产量超6万台,产量跃居全国第一,占全国总年产量的30.0%左右。

二、基础支撑力量不断夯实

5G、大数据、工业互联网等新型基础设施是支撑智能制造发展的重要基础,广东省大力推动新型基础设施建设,为产业转型升级积蓄力量。截至2020年年底,广东省建成5G基站12.4万个,约占全国5G基站总数的17.5%,5G产业规模、用户数和基站数等指标均居全国第一,实现深圳市5G网络全覆盖、广州市主要城区覆盖、珠三角中心城区广泛覆盖。广东省5G产业链

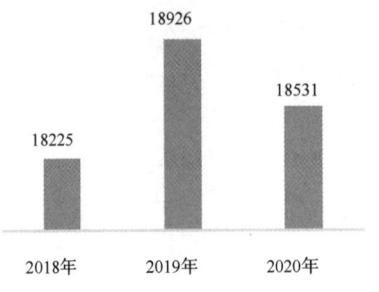

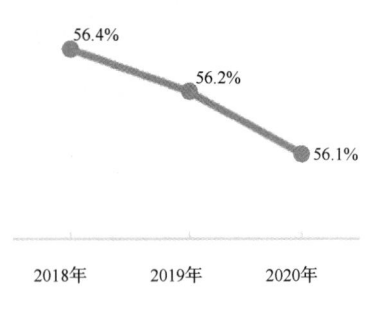

图 15-1 2018—2020 年广东省先进制造业增长情况
数据来源：广东省统计局，赛迪顾问整理，2021 年 4 月

完善，涵盖芯片、元器件、传输介质、原材料、生产设备、通信设备、5G 终端产品、行业应用等上下游产业，拥有华为、中兴通讯、OPPO 等领航企业。广东省大数据发展指数、互联网发展指数、数字经济发展指数、智能化发展水平等指标均位居全国第一，重点行业数字化设计工具普及率超过 85%。广东省具有工业软件发展的良好基础，拥有超 6000 家软件企业，软件著作权登记量和 PCT 申请量多年排名全国第一，18 家企业入选中国软件百强企业，正不断加快工业软件设计研发的步伐。广东省是工业和信息化部授予的首批 2 个国家级工业互联网示范区之一，首创"工业互联网产业生态供给资源池"，目前已有超 370 家优秀工业互联网服务商入池，树根互联、阿里云、富士康、腾讯等垂直行业、跨行业跨领域工业互联网企业集聚广东省，数量居于全国前列。广东省在全国率先开通工业互联网标识解析国家顶级节点（广州），已建成 30 个行业/区域标识解析二级节点，注册量超 34.8 亿个；已建成广东省工业互联网安全监测与态势感知平台，监测覆盖工业企业总数 39.74 万家；培育数字化转型标杆示范成效小组，累计培育了 200 多个"灯塔式"标杆示范项目，其中 80 多个项目入选各类国家级标杆示范，为行业企业提供可供借鉴的经验。

三、智能制造产业集群建设成效显著

产业集群是促进产业链上下游大中小企业联动发展，实现产业智能制造、数字化转型的有效途径。早在 2014 年，广东省政府就出台了《广东省智能制造示范基地培育建设实施方案》，提出在全省范围内培育建设 10 个智能制造示范基地。广州、深圳、珠海等 9 个城市积极开展产业集群数字化转型试点，推动产业链上下游企业资源共享、协同制造能力不断提升。如东莞松山湖的电子信息、广州花都的箱包皮具、佛山顺德的小家电等产业集群率先开展试点工作，积极探索集群整体数字化转型的创新路径。其中，湛江厨具小家电产业集群通过推广"设备上云"及智能自动化生产线，不仅实现了对设备状态的实时采集、监控、预警、分析，也极大提升了企业生产效率。2020年，广东省出台了十大战略性支柱产业集群、十大战略性新兴产业集群行动计划，其中高端装备、智能机器人、智能家电、新一代电子信息、半导体及集成电路产业集群的培育建设均将智能制造作为主攻方向。目前，广东省多个地市的智能制造产业集群建设均取得显著成效，如广州市集聚了3000余家智能装备企业，已形成较为完备的产业链条，2020年实现产值近1400亿元；中山市已形成由20多家机器人本体、系统集成及284家高端装备制造企业组成的装备制造产业集群，带动区域智能制造水平全面提升。

四、智能制造生态建设日臻完善

广东省不断完善智能制造生态建设，打造企业、创新中心、服务平台等融合发展的产学研合作智能制造生态系统。在企业方面，广东省积极推动企业实现智能化技术改造，利用高档数控机床、柔性自动化生产装配线、大型控制系统等智能化装备提升生产效率，在企业中推广新型传感、嵌入式控制系统、系统协同技术等智能化技术，大幅度提升企业生产效率。目前，广东省拥有国家智能制造试点示范项目25个，国家级智能制造综合标准化与新模式项目34个，省级智能制造试点示范项目378个，智能制造示范标杆企业数量不断增加，联动发展能力持续增强。在创新中心方面，广东省拥有国家印刷及柔性显示创新中心、国家高性能医疗器械创新中心2家国家级制造业创新中心，极大地提高了全省制造业创新能力，为加快智能制造生态建设提供了有力的技术支持。在服务平台方面，广东省建设了一批智能制造研发服务平台，如广州市的国家机器人质检中心、无人机质检中心等公共技术支撑服务平台；佛山市的智能装备技术研究院、广工大数控装备协调创新研究院、华南智能机器人创新研究院等协同创新平台；东莞市的广东省智能机器人研究院和松山湖国际机器人研究院等机器人产业技术创新高地。2020年，广东省启动智能制造生态合作伙伴行动计划，联动政府、市场作用，打造要素齐全、相互赋能的智能制造生态体系，目前第一批已经有303个合作伙伴，包括广东省科学院智能制造研究所、广东数控、达意隆包装、珠海格力等研究院所与龙头企业，涉及关键软件与智能制造系统解决方案、信息网络基础设施、智能制造人才、公共技术服务等多个方面，智能制造生态建设水平不断提升。

第二节　主要特点

一、以企业创新提升智能制造创新能力

实现智能制造离不开仿真、混合建模、精密仪器、人机协同、5G、工业互联网、人工智能等技术的突破。广东省作为制造业市场主体最活跃的省份，在智能制造发展过程中形成了以企业为主体开展创新活动的发展路径。企业从自身与行业需求出发，不断实现基础技术与应用层面的创新突破，为全面提升智能制造创新能力奠定了重要基础。广东省拥有高新技术企业超过 5.3 万家，数量位居全国第一，其中大部分为制造业相关企业，具有转型创新的强大动力与能力，近年来在人机协同、人工智能、工业互联网等领域取得较大突破。在人机协同方面，云从科技开发的人机协同开放创新平台，已经突破了多模态数据感知、多领域知识推理、人机共融共判、数据安全共享 4 项核心关键技术，形成数据结构化、知识系统化、技术工具化、接口标准化 4 项基础支撑能力。在人工智能方面，华为海思、商汤科技、小马智行、大疆科技等企业专注于通用与特定行业的人工智能芯片研究，如华为围绕鲲鹏和昇腾先后开发出昇腾910（训练）和昇腾310（推理）等 AI 芯片，构建了完整的 AI 基础软硬件体系。在工业互联网方面，树根互联的根云研发出"透明工厂"解决方案，有助于企业建立工厂实时运营的动态数字双胞胎，依据动态数据进行全面的数字化精益制造。

二、龙头骨干企业与中小企业联动发展

骨干企业是广东省制造业发展的"稳定器"，也是引领产业转型升级的"头雁"，而中小企业是制造业就业的"主力军"，也是龙头骨干企业不可或缺的产业链配套重要环节。目前，广东省已经形成了龙头骨干企业与中小企业协同推进智能制造转型升级的良好局面。一方面，龙头骨干企业积极转型，依托自主建设的数字化、自动化生产线实现智能化生产，不断向创新型先进制造业企业迈进。如格兰仕的工业 4.0 示范基地一期投产后，新增年产 1100 万台微波炉的能力；比亚迪的全球设计中心通过建立数字化设计流程，在疫情防控期间口罩产能攀升至全球第一；美的则在"5G+工业物联网"助力下，订单交付周期缩短 56%，渠道库存下降 40%，内部综合效率提升 28%；深圳富士康采用全自动化制造流程，基本实现"无人工厂"。另一方面，广东省以工业互联网平台为核心，累计推动全省 1.5 万家工业企业"上云上平台"，

实现数字化转型,并联动产业链核心企业与平台企业,带动 50 万家中小微企业"上线用云"。如揭阳注塑行业 85%的企业为家庭小作坊,2020 年揭阳联通与聚鲶工业合作开展推动小企业智能制造转型升级计划,助力揭阳注塑行业小企业生产效率提高 20%~40%;佛山顺德的 200 多家小家电企业在美的集团的带动下积极通过数字化整合全产业链,使企业平均交货周期缩短 1/3、人均产值提高 1/3、服务人员减少 1/3。

三、区域间发展差距逐渐扩大

区域发展不平衡问题在广东省智能制造推进过程中仍然存在。珠三角核心区城市雄厚的工业发展基础为智能制造提供了重要支撑,广东省智能制造企业与相关服务商主要集中在广州、深圳、佛山、东莞等珠三角城市。2020 年,珠三角九市的先进制造业增加值占全省总增加值的 91%以上,2019—2020 年广东省规模以上先进制造业增加值区域分布如图 15-2 所示。而粤东西北区域先进制造业增加值合计占比不足 10%,且与 2019 年同期对比,这一差距进一步扩大。除先进制造业占比外,粤东西北区域在智能制造示范试点项目上也与珠三角区域拉开差距。2016—2020 年,广东省 378 个省级智能制造试点示范项目中,来自粤东西北区域的项目仅有 48 个,项目数量占比仅为 12.7%,特别是 2020 年,粤东西北区域仅有 5 个项目入选,占比仅为当年全省的 5.6%。而在历年广东省入选的 25 个工业和信息化部智能制造试点示范项目中,粤东西北区域仅揭阳市和茂名市有两个项目入选。在 2020 年广东省公布的智能制造生态合作伙伴名单中,粤东西北区域仅韶关、河源、清远、揭阳四市入选 14 家企业,仅占全部 303 家企业的 4.6%。

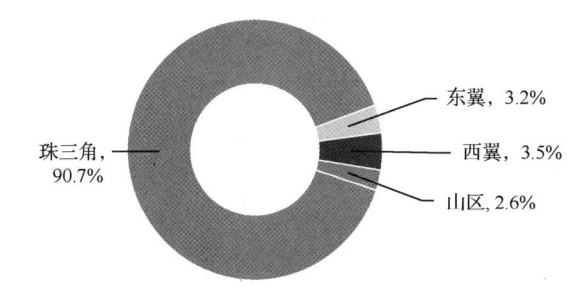

珠三角,90.7%
东翼,3.2%
西翼,3.5%
山区,2.6%

图 15-2　2019—2020 年广东省规模以上先进制造业增加值区域分布
数据来源:广东省统计局,赛迪顾问整理,2021 年 4 月

第三节　推进举措

一、制定政策方针，构建智能制造发展保障体系

广东省坚持走制造业高质量发展之路，高度重视智能制造顶层政策设计，制定了一系列智能制造发展规划和重点产业集群行动计划，构建了日臻完善的智能制造发展政策体系。具体而言，广东省以《广东省智能制造发展规划（2015—2025年）》为中长期战略，确定了构建智能制造自主创新体系、发展智能装备与系统、实施"互联网+制造业"行动计划、推进制造业智能化改造、完善智能制造服务支撑体系等主要任务，为推动提升全省制造业综合实力和可持续发展能力奠定战略基础；同时，以《广东省深化"互联网+先进制造业"发展工业互联网的实施方案》《广东省培育智能机器人战略性新兴产业集群行动计划（2021—2025年）》《广东省智能制造试点示范项目实施方案》等为行动指南，先后出台新一轮技术改造、加快先进装备制造业发展、珠江西岸先进装备制造业产业建设、《智能制造生态合作伙伴行动计划（2021年）》等具体政策措施，为广东省建设制造强省、打造全球智造创新中心勾勒战略蓝图。

二、强化要素支撑，打造智能制造产业生态体系

广东省高度重视产业要素支撑，不断加快建设和发展工业互联网，完善信息基础设施建设，推动智能制造领域生产企业、系统解决方案供应商、专业人才、金融机构、公共服务平台、协同创新平台等产业要素不断聚集，积极构建完善成熟的智能制造创新生态体系。在工业互联网建设方面，广东省按照"先典型引路、后全面推广"的实施策略，培育发展工业互联网平台，推动工业企业"上云上平台"数字化转型，并针对不同行业、不同规模的企业分类施策，推动制造业加速向数字化、网络化、智能化发展。在信息基础设施方面，广东省大力推进高速光网、IPv6、4/5G网络、NB-IoT等新一代信息基础设施建设。在产业要素聚集方面，广东省加快培育智能制造系统解决方案供应商，推动建设了一批智能制造研发服务平台，并在智能制造生态合作伙伴行动计划中，围绕生态合作伙伴、公共服务平台、生态合作需求对接、智能制造人才支撑、金融创新助力、试点示范项目推广应用等方面推进主要工作。此外，广东省还加大对企业技术改造的支持，鼓励企业使用高档数控机床、柔性自动化生产装配线、大型控制系统等智能化制造装备，推广

应用新型传感、嵌入式控制系统、系统协同技术等智能化制造技术,并对珠三角区域符合条件的设备更新项目按新设备购置额的 20%,以及粤东、粤西和粤北区域按新设备购置额的 30%予以事后奖励。

三、发挥产业优势,大力开展智能制造应用示范

广东省积极组织实施智能制造试点示范项目,在各行业树立智能制造典型标杆,并深化示范项目的推广及应用,推进产业转型升级。在实施措施方面,广东省重点推进省级智能制造试点示范评价指标体系、组织实施省级智能制造试点示范项目、建设重点行业智能工厂(数字化车间)和开展试点示范推广应用等核心任务。截至 2020 年年底,广东省遴选了广州金域医学检验集团股份有限公司"智能医学实验室生产管理平台"等 88 个项目为 2020 年广东省智能制造试点示范项目,取得了良好的示范效应。此外,广东省各地市围绕本地优势行业,积极开展智能制造应用示范。如广州市在汽车及零部件、食品包装、塑料机械、农产品等领域实施智能制造示范应用,促进产业向自动化、智能化升级;佛山市实施"百企智能制造工程"和"机器引领"计划,围绕汽车、陶瓷、家电等支柱产业选取智能制造示范企业,引领全市超过 20%的规模以上制造业企业开展智能化技术改造。

四、重视集群建设,推动产业集群数字化转型

广东省依托电子信息、装备制造等优势产业及重点行业骨干企业,从产业链资源共享、协同制造等重点环节切入,开展产业集群数字化转型试点,推动产业集群智能化升级。广东省强调在集群建设工作中将智能制造贯穿产业链条各环节,推动企业在研发生产、物流仓储、原料供应等环节提高智能化水平,在产业集群内形成具有示范意义的智能工厂、智能车间。针对优势产业领域,广东省着力在电子信息、先进装备等行业集中度较高的战略性产业集群中重点推进工业软件和工业互联网解决方案广泛应用,带动产业链供应链企业整体数字化转型。在智能机器人领域,广东省规划高水平建设一批机器人技术研发、成果转化等方面的产业支撑平台,深入推进智能制造试点示范,拉动工业机器人在高端制造及传统支柱产业的示范应用。针对轻工纺织、注塑、模具、五金等行业集中度较低的传统特色产业集群,广东省重点培育行业/区域工业互联网平台,推动集群上下游企业实施标准统一的数字化改造。

第十六章 浙江省

第一节　发展概况

一、经济增长迅速，制造业规模持续增长

自改革开放以来，浙江省经济快速发展，制造业规模不断扩大。根据初步核算，浙江省 2020 年地区生产总值（GDP）为 64613 亿元，在全国排名第四位，同比增长 3.6%，全年规模以上工业增加值为 16715 亿元，同比增长 5.4%。

2020 年，浙江省规模以上装备制造业总产值达 31802 亿元，同比增长 10.72%。机器人、高档数控机床、智能纺机、智能物流装备等智能制造装备领域实现总产值 3124 亿元，同比增长 23.20%；增加值为 774 亿元，同比增长 25.24%，智能制造装备增加值占高端装备制造业的比重达 18.29%，同比提高 1.04 个百分点。

二、积极响应国家战略，提前做好政策部署

2020 年，浙江省全面贯彻落实制造强国战略，积极开展制造强省建设，印发了《中共浙江省委　浙江省人民政府关于以新发展理念引领制造业高质量发展的若干意见》《中共浙江省委办公厅　浙江省人民政府办公厅关于印发〈制造强省建设行动计划〉的通知》《浙江省实施制造业产业基础再造和产业链提升工程行动方案（2020—2025 年）》等一系列智能制造相关政策，从重点行业、集群、试点示范、产业链供应链等方面着手，积极布局省内制造业数字化转型（见表 16-1）。

表 16-1 浙江省智能制造相关政策（部分）

颁布时间	政 策 名 称	主 要 内 容
2020 年	《中共浙江省委 浙江省人民政府关于以新发展理念引领制造业高质量发展的若干意见》	提出要坚定不移建设全球先进制造业基地，增强企业活力，完善制造业创新体系，培育先进制造业集群，推动制造方式转型，完善和优化全球化产业链，优化制造业发展环境
	《中共浙江省委办公厅 浙江省人民政府办公厅关于印发〈制造强省建设行动计划〉的通知》	到 2025 年，制造业增速、质量和效益更加协调，结构更趋合理，动力更为强劲，发展方式更可持续，创新文化更富活力，建成国内领先、具有国际影响力的制造强省
	《浙江省经济和信息化厅关于印发 2020 年浙江省"四个百项"重点技术改造示范项目计划的通知》	项目计划由百项智能化改造示范项目、百项新兴产业示范项目、百项产品升级和工业强基示范项目、百项绿色制造示范项目，以及在疫情防控中实施的防疫物资智能化改造示范项目组成
	《浙江省实施制造业产业基础再造和产业链提升工程行动方案（2020—2025 年）》	明确以数字安防、集成电路、网络通信、智能技术、生物医药、炼化一体化与新材料、节能与新能源汽车、智能装备、智能家居和现代纺织等为重点领域，打好产业基础高级化、产业链现代化攻坚战
2019 年	《浙江省高端装备制造业发展重点领域（2019 版）》	为加快重点领域突破，进一步推动浙江省高端装备制造业创新发展，提升浙江省装备制造业整体水平，结合浙江省产业发展实际，对《浙江省高端装备制造业发展重点领域（2017 版）》进行了修订完善
	《浙江省经济和信息化厅关于印发〈浙江省数字化车间/智能工厂建设实施方案（2019—2022 年）〉的通知》	到 2022 年，全省智能制造发展基础和支撑能力明显增强，智能制造新模式得到广泛推广应用，制造业智能制造水平显著提升，累计建成数字化车间/智能工厂 500 家以上，骨干企业装备数控化率达 70%以上、机器联网率达 50%以上，研发一批智能制造关键技术装备，培育壮大一批智能制造系统解决方案供应商，提升带动全省制造业智能化水平跃上新台阶，高质量发展取得新成效
2018 年	《浙江省人民政府关于加快发展工业互联网、促进制造业高质量发展的实施意见》	到 2020 年培育形成 1 个具有国际水平的基础性工业互联网平台和 10 个以上国内领先的行业级工业互联网平台，形成具有特色的"1+N"工业互联网平台体系，基本实现全省重要行业工业互联网应用全覆盖
	《浙江省智能制造行动计划（2018—2020 年）》	研发一批突破智能制造关键技术装备，省内技术和装备自给率大幅提升，全省规模以上智能装备产业总产值达到 3000 亿元，年均增长 15%左右，占高端装备总产值的比重保持在 25%以上

数据来源：赛迪顾问，2021 年 2 月。

三、数字经济持续增长，工业研发投入力度不断加大

2020 年，浙江省数字经济逆势增长，工业企业大力开展研发活动。根据初步核算，2020 年以新产业、新业态、新模式为主要特征的"三新"经济增加值占 GDP 的 27.0%；数字经济核心产业增加值为 7020 亿元，按可比价格计算，同比增长 13.0%。规模以上数字经济核心产业增加值增长了 16.8%，高端装备制造业增加值增长了 7.9%，高技术、高新技术、装备制造和战略性新兴产业增加值分别增长 15.6%、9.7%、10.8%和 10.2%。2020 年，规模以上工业企业研发费用同比增长 18.0%，研发费用相当于营业收入的比例为 2.6%，同比提高 0.3 个百分点。

第二节　主要特点

一、以民营经济为主，"块状经济"特点鲜明

浙江省是我国民营经济最活跃、"块状经济"最发达的地区。浙江省经济以民营企业为主体，2020 年，浙江省民营经济增加值占全省生产总值的比重约 66.3%，其中，规模以上工业中的民营企业增加值占全省规模以上工业增加值的 68.2%。这些民营企业从家庭工业和小商贩起步，形成了"一县一产业"的传统特色"块状经济"产业集群，如湖州的纺织、台州玉环的机床、宁波慈溪周巷镇的小家电。浙江省的"块状经济"产业集群主要涉及制造、加工、建筑、运输、养殖、纺织、工贸、服务等十几个领域，包括 100 多个制造业行业。

二、制造业小微企业占据浙江省工业的半壁江山

浙江省经济以民营经济为主，中小微企业占比大，制造业小微企业占据了浙江省工业的半壁江山。浙江省市场监督管理局公布的《2020 年小微企业运行分析》显示，截至 2020 年年底，浙江省在册小微企业数量为 250.09 万家，同比增长 12.45%；新增小微企业 42.82 万家，同比增长 4.07%，其中新设制造业小微企业 5.22 万家，同比增长 16.18%。浙江省制造业小微企业数量已达 54.12 万家。小微企业的活跃体现了浙江省以民营经济为主的特点，同时暴露浙江省产业转型升级所面临的资金、技术等方面的众多实际困难，浙江省制造业智能化改造方面的困难还需政企联合解决。

三、经济外向程度高,劳动密集型产品出口保持增长

浙江省经济外向程度高,进口、出口规模均位居全国前列,劳动密集型产品出口规模持续增长。杭州海关发布的数据显示,2020年浙江省货物进出口总额位居全国第三,达33808亿元,同比增长9.6%,占全国进出口总额的10.5%。其中,出口总额为25180亿元,同比增长9.1%,占全国出口总额的14%;全省进口总额为8628亿元,同比增长11.2%。从出口产品类型看,高新技术产品出口比重稳步提升,劳动密集型产品出口保持增长,高新技术产品出口额为2028.3亿元,增长26.4%,其中电动载人汽车和手机出口分别增长590.7%和112.5%;劳动密集型产品出口额为8454.3亿元,增长2.0%。

第三节 推进举措

一、政府牵头组建专家委员会,助力中小微企业改造升级

由省委、省政府牵头,浙江省组建了以行业龙头企业专业技术人员、生产带头人员、行业专家等业内资深专家为主的专家指导组,强化了对县(市、区)内企业的"面对面"服务,为20个重点县(市、区)的传统产业转型升级提供智力咨询和技术指导。目前,浙江省智能制造专家委员会向20个县(市、区)派驻了专家指导组,同时组建了面向全省指导服务的数字安防、行业工业互联网平台、数字健康3个行业专家指导组,逐步形成了针对县(市、区)行业、产业园区(特色小镇、小微企业园)、中小微企业等行业型、园区基地型、企业型三类不同的咨询服务模式。同时,浙江省智能制造专家委员会注重供给侧的培育,如指导滨江区创建智造供给小镇,培育系统解决问题供应商,为全省制造业高质量发展提供坚实保障。

二、重点行业优先突破,开展中小微企业智能化改造试点

根据省内区域型"块状经济"、产业集中度高的特点,浙江省在新昌县连续三年开展了轴承行业智能制造改造行动,形成"新昌模式"。政府、专家与企业联合选定总包商,采用政企合作方式,先在3家中小企业开展智能化改造试点。试行几个月后,有不少企业主动要求全面改造,形成了"我要改、自觉改"的局面。同时,由于不需要更换生产设备,只需加装采集监控模块和软件,技术改革投资成本低,前65家通过验收的企业智能化改造平

均花费仅 23 万元。在试点成功的基础上，浙江省开展了"百企推广攻坚"行动，已有 107 家企业的智能制造工程改造项目通过验收。此外，新昌县探索创建了轴承行业工业互联网云平台，将"百企推广攻坚"完成的 107 家企业约 3000 条数字化生产线、10000 多台设备的大数据成功连接到该平台，为轴承制造企业定制开发了工艺参数监控、设备利用率管理、生产系统预测性维护等多款数字化服务产品。

三、金融机构开展创新业务，提出智能制造金融综合服务方案

针对智能化改造一次性投入大、回收周期长等现实问题，浙商银行突破传统的简单融资思维，充分发挥银行资金融通、信用中介、衍生服务等职能，面向浙江省制造业企业开展了有针对性的金融创新，在业内率先提出了"融资、融物、融服务"的智能制造综合金融解决方案。"融资"是提供资金；"融物"是浙商银行股份有限公司联动其控股子公司浙银金融租赁，为智能制造服务商和制造业企业提供设备租赁、设备外包等融物服务，为项目改造提供中长期支持；"融服务"是发挥银行的信息中介和客群优势，为改造双方搭建信息平台，提供互荐客户、履约见证服务，促进交易达成，为制造业企业提供设备维保、原材料集中采购等衍生服务。例如，针对"新昌模式"创设的履约见证服务，同时为企业按合同履约、按期付款提供见证服务。通过增强双方约束实现撮合交易，各方约定，若有任何一方违约，银行都将先行垫付的违约金赔付给守约方，并向违约方追偿；若违约方最终仍未偿还银行垫付的违约金，银行可将其商业失信信息录入征信记录。

第十七章

山东省

第一节 发展概况

一、智能装备产业初具规模

近年来,山东省智能装备产业规模持续扩大,创新成果不断涌现,多个子行业产业规模居全国前列,智能装备产业已发展为山东省制造业支柱产业。截至 2020 年年底,山东省装备制造业实现主营业务收入超过 2 万亿元,利润总额同比增长 37.3%,工业增加值同比增长 12.6%,拉动规模以上工业增长 2.9%,是工业增长的首要拉动力量。其中在智能装备方面,2020 年,山东省 15 家智能装备企业入围中国企业 500 强,28 家智能装备企业入围国家制造业单项冠军示范企业名单,数量居全国前列,并拥有以济南二机床、山东山森数控、诺伯特智能装备、迈赫机器人自动化、青岛宝佳自动化为代表的智能装备企业,以及山东大学、齐鲁工业大学、哈工大机器人(山东)研究院、山东省智能农机装备技术创新中心为代表的创新载体。

二、智能装备产业集聚发展

山东省智能装备产业聚焦先进轨道交通装备、机床与机器人、工程机械等重点产业链,以建链、延链、补链等方式不断完善产业链配套,打造出高端重卡、磁悬浮列车、高端数控机床、盾构机等一系列国际领先产品;在济南市形成数控机床、电力设备、新能源汽车等多个产业集群,在青岛市形成轨道交通、机器人与增材制造、新能源汽车、智能家电装备等多个产业基地,

在烟台市形成海洋工程装备、核电装备、新能源汽车等产业集群，区域竞争力呈现新优势。

三、智能装备产业新模式取得初步成果

"产业共同体"利用企业数据、技术、系统集成等优势，实现"业务共生，生态共建，利益共享"。目前，山东省智能装备企业正积极探索"产业共同体"模式，并取得初步成果。省内智能装备企业如海尔家居利用渠道、品牌优势，联合博洛尼、克路德机器人等成立少海汇生态圈；智能装备企业如盛瑞传动基于其技术优势打造8挡自动变速器配套产业园，并为配套企业提供厂房、订单、研发、检测、供应链等服务，富祥动力、林泰克斯等10家配套企业已签约入园，计划投资33亿元，产值为80亿元。目前，山东省在"产业共同体"模式方面和长三角、珠三角区域处于同一梯队，依托省内海尔集团、盛瑞传动、济南二机床、迈赫机器人自动化、潍柴动力等智能装备龙头企业，山东省"产业共同体"模式有望引领全国。

第二节　主要特点

一、重视智能装备企业培育

当前，山东省不断加强对中小企业创新的支持，推动中小企业高质量发展。一方面，山东省从企业营业收入能力、技术创新能力、商业模式创新等维度筛选出创泽智能机器人、华创机器人制造、迈赫机器人自动化等处于高成长期的智能装备企业，支持企业通过新模式、新技术应用提高自身发展质量，引导企业争创国家级质量标杆，并对企业提供商务信息、投融资、财务法律、管理咨询、专家人才、知识产权与技术标准等服务；同时，对企业技术研发、创新平台建设、上市培育、税收优惠等方面予以政策支持。另一方面，为进一步培育智能装备领军企业，山东省从企业创新能力、技术水平、发展潜力等维度筛选出青岛科捷机器人、济南翼菲自动化、山东时代新纪元机器人、山东未来机器人等智能装备领域龙头企业，列入领军企业培育库，并对企业给予创新平台建设、对外合作交流对接、高端人才引进、重大项目融资对接、高端装备产业基金合作等服务。

二、重视智能装备产业创新发展

近年来，山东省实施创新驱动战略，大力发展装备产业尤其是智能装备产业。一方面，山东省政府推动企业重点围绕行业关键共性技术研究，联合山东大学、齐鲁工业大学等优势资源实施科技攻关和成果转化项目，并立足区域发展需求，重点支持产业研究院、高等技术研究院、工程技术研发中心等科技创新载体建设，实现创新链与产业链深度融合、院地和校地互利共赢。另一方面，山东省围绕智能装备产业人才相关需求，不断加强对高技术高技能人才的培养，不断建设以企业为主体、市场为导向、产学研深度融合的技术创新体系。

三、重视智能装备产业合作发展

在国际合作方面，山东省围绕智能装备产业国际合作，成立"山东省装备制造业协会国际交流合作中心"，举办"中日高端装备制造业对接交流洽谈会"，并与德国、上合组织部分成员国、"一带一路"沿线部分国家和地区建立友好合作关系，旨在汇集智能装备领域相关优势资源，积极建立双向合作机制，实现产业深度交流，支持省内企业"走出去"，推动智能装备产业与国际接轨，不断招引海外高层次人才、优质项目落户山东。在国内合作方面，山东省政府与华为技术有限公司、中国核工业集团、机械科学研究总院集团等分别签署战略合作框架协议，鼓励省内优质资源与国内领军企业就智能装备研发与产业化等领域开展全方位、多层次的技术交流与产业合作。

第三节 推进举措

一、加强顶层设计，注重专家赋能

近年来，山东省高度重视高端装备产业，山东省政府出台《山东省高端装备制造业发展规划》《山东省装备制造业转型升级实施方案》《山东省传统产业智能化技术改造三年行动计划（2020—2022年）》等一系列政策，《山东省高端装备制造业发展规划（2018—2025年）》明确了山东省高端装备制造业的发展目标、区域布局、发展重点、主要任务等，对加快全省高端装备制造业发展有着重要的战略引领作用；《山东省装备制造业转型升级实施方案》提出采取"加强创新能力建设、升级产品结构、夯实发展基础、优化产业布

局、转变发展方式、实施重大工程"的思路,全面推进全省装备制造业转型升级,进一步推进了山东省由装备制造业大省向强省转变。同时,山东省政府邀请 5 名院士在内的 32 位专家加入省政府高端装备智库,组织 200 家企业加入高端装备产业协会以及 7 只高端装备产业基金和 21 只项目基金,共同保障产业发展。

二、举办会议活动,集聚资源发挥合力

一是举办"第十五届中国(山东)装备制造业博览会"。为搭建山东省智能装备产业的全产业链资源整合交流合作平台,山东省政府于 2020 年 8 月 27 日举办"第十五届中国(山东)装备制造业博览会暨 2020 青岛国际工业博览会",博览会为期四天,聚集了国内外智能装备领域权威专家及知名企业家,就行业政策、技术发展趋势、"产学研用"合作等展开深入交流,重点展示了数控机床、工业机器人、农业机械、激光及焊接切割等智能装备,体现了制造技术与新一代信息技术的融合发展。

二是举办"2020 年度(首届)山东省装备制造业科技创新奖颁奖大会"。为表彰优秀企业、调动山东省装备制造企业的创新积极性,营造"比学赶超""创先争优"的良好行业氛围,山东省举办了"2020 年度(首届)山东省装备制造业科技创新奖颁奖大会",全省共有 16 个市组织了 170 多家企业、190 个项目参与科技创新奖的评选,经过材料审核和专家委员会初评、终评,以及现场考察,共评出一等奖 6 项、二等奖 8 项、三等奖 20 项。

三是举办"2020 年山东省高端装备创新发展大会"。为研讨山东省高端装备和智能制造发展路径和措施,助力山东制造强省建设,山东省于 2020 年 12 月 17 日举办"2020 年山东省高端装备创新发展大会"。会议提出,在新发展阶段,山东省要大力提升数字化、网络化、智能化水平,推动装备制造业迈向高端、实现高质量发展。会上,商用车、氢燃料电池、工程机械、机床、海工装备五个联盟正式成立,联盟将强强联合,共同提升产业链现代化水平,畅通国内大循环,促进国内国际双循环。

三、设立产业基金,支撑产业做大做强

近年来,山东省新旧动能转换基金积极与中车资本、国寿资本、北航长鹰资本等知名投资机构合作。一方面,山东省发挥基金"四两拨千斤"的杠杆作用,吸引社会资本以股权形式介入项目企业,解决企业融资问题;另一

方面，发挥基金引才、引智作用，引进海外高层次人才和优质项目，培育本地创新创业项目，推动山东省高端装备产业做大做强，如产业基金投资的专业从事无人机发动机及小型航空发动机企业——山东飞奥，首创了混合动力发动机、启电一体电喷发动机，填补了国内无人机发动机的空白。2020年，山东省注册设立高端装备产业方向的新旧动能转换基金86只，设立19只各市重点关注的"双招双引"高端装备产业项目基金，基金投资规模稳居"十强"产业首位。

第十八章

福建省

第一节　发展概况

一、工业生产呈稳步提升态势

福建省工业总体生产呈现稳步提升态势。初步统计，2020年工业增加值为15745.55亿元，同比增长1.7%，规模以上工业增加值增长2.0%，规模以上工业的38个行业大类中有21个增加值实现正增长。随着疫情稳定、生产加速恢复，2020年3月起，福建省工业增加值实现由负转正，工业生产逐步加快。其中，增长最快的是医药制造业和化学纤维制造业，增速分别为29.7%和23.7%。福建省三大主导产业工业增加值也全部实现正增长：机械装备产业增长1.1%，电子信息产业增长6.6%，石油化工产业增长10.6%。此外，福建省工业战略性新兴产业增加值增长4.5%，占规模以上工业增加值的比重为25.6%。高技术制造业增加值增长8.0%，占规模以上工业增加值的比重为12.8%。装备制造业增加值增长3.3%，占规模以上工业增加值的比重为23.4%。随着统筹疫情防控和经济社会发展各项政策逐步落地见效，工业生产复工复产水平继续回升，多数产品和行业生产日益得到改善，规模以上工业生产延续恢复性向好态势。

二、政策出台助推智能制造发展

《福建省人民政府关于加快发展智能制造九条措施的通知》（闽政〔2015〕36号）、《福建省智能制造工程实施方案（2016—2020年）》等智能制造相关政策文件频频出台，从开展智能制造试点示范、推动企业智能化改造、支持企业产品研发和服务创新等各方面，推进智能制造发展（见表 18-1）。

表 18-1　福建省智能制造相关政策（部分）

颁布时间	政策名称	主要内容
2020 年	《福建省人民政府关于实施工业（产业）园区标准化建设推动制造业高质量发展的指导意见》	大力发展数字经济，加快数字技术与制造技术的渗透、融合和创新应用，重点发展互联网、物联网、大数据、安全可控、云计算、边缘计算、人工智能、智能制造、5G、区块链、卫星应用、无人机、智能网联汽车等技术和产业，推动制造业加速向数字化、网络化、智能化发展，推动互联网、大数据、人工智能和实体经济深度融合
	《福建省新型基础设施建设三年行动计划（2020—2022 年）》	增强国家工业互联网标识解析二级节点（福州）功能，加快推动各设区市和一批行业龙头企业建设工业互联网标识解析二级节点。开展"5G+工业互联网"融合应用，加快工业互联网高质外网建设，推动重点行业龙头企业、地方骨干企业开展工业互联网内网改造升级和示范应用
2019 年	《福建省工业和信息化厅关于加快工业软件产业发展七条措施的通知》	为落实福建省人民政府《关于深化"互联网+先进制造业"发展工业互联网的实施意见》，加快发展工业软件，推动工业数字化、网络化、智能化，结合福建省实际，提出聚焦重点扶持、培育壮大产业基础、开拓工业软件市场、推动工业互联网 App 发展、完善人才和公共技术服务体系、加大财政和金融扶持力度、加强统筹协调七条措施
	《关于印发促进医药产业高质量发展的六条措施的通知》	推动互联网、大数据、人工智能和医药产业发展深度融合，符合条件的列入省级"两化融合"重点项目库。对医药龙头企业建设智能制造样板工厂（车间）的，省级财政按设备投资额的 8%予以补助，最高不超过 1000 万元
2018 年	《福建省新一轮促进工业和信息化龙头企业改造升级行动计划（2018—2020 年）》	鼓励龙头企业与高校、科研院所、上下游企业及各类基金等加强合作，重点结合新一代信息技术、智能制造、增材制造、新能源、新材料、生物医药和传统优势产业等领域创新发展和产业转型升级的重大共性需求，创建一批省级制造业创新中心、产业创新中心，构建多层次制造业创新体系，提升制造业创新能力
	《关于加快全省工业数字经济创新发展的意见》	创新能力显著增强，在智能制造、物联网、大数据、人工智能等重点领域，突破一批核心技术，以数字技术创新为主要动能的工业新生态初步建立

续表

颁布时间	政策名称	主要内容
2017年	《福建省人民政府关于深化"互联网+先进制造业"发展工业互联网的实施意见》	到2020年，工业互联网发展体系初步建立，低时延、高可靠、广覆盖的工业互联网网络基础设施初步建成；通过实施"十百千万"工业互联网工程，培育形成不少于10个工业互联网行业示范平台和100家以上应用标杆企业，建设不少于1000个"互联网+先进制造业"重点项目，推动上万家中小企业业务系统向云端迁移
2016年	《福建省智能制造工程实施方案（2016—2020年）》	重点产业智能化改造成效显著。机械、船舶、汽车、轻工、纺织、食品、电子等福建省重点工业行业逐步实现"机器换工"，工业机器人在各作业领域得到推广应用。到2020年，全省累计实施"机器换工"1万台（套）以上，数控技术和智能装备在大中型企业较为普遍地得到推广应用
2015年	《福建省人民政府关于加快发展智能制造九条措施的通知》	发展壮大智能制造产业，到2020年智能装备制造业产值和工业软件业务收入均超千亿元，形成20家骨干智能装备企业和若干重点工业软件企业。大力推进企业智能化改造，到2020年累计实施"机器换工"1万台（套）以上，重点领域生产装备数控化率达到70%，建设20个智能制造样板工厂（车间）

数据来源：公开资料，赛迪顾问整理，2021年2月。

三、形成了层次分明的机械装备产业链布局

福建省形成了一批以高端装备、电工电器、新能源汽车、高技术船舶及海工装备、工程机械等层次分明、区域优势明显的机械装备产业集群。高端装备产业方面，福建省以福州、厦门、泉州、龙岩为主要区域，重点发展环保设备、工程机械、高技术船舶及海工装备、航空维修、数控机床、工业机器人等产品，并逐步形成以智能化专用装备为主体、关键核心零部件为基础、新兴装备产业为引领的高端装备产业体系。电工电器产业方面，福建省以福州、厦门、宁德、南平为主要区域，利用好"新基建"契机，重点发展电力装备、电机、电线电缆、输配电设备、电力装备等产品。新能源汽车产业方面，福建省以福州、厦门、宁德为主要区域，重点发展新能源汽车整车、"三电"系统及汽车玻璃、车轮等主要零部件。重点培育和打造新能源汽车、动力电池、储能电池产业集群，壮大和延伸产业链。高技术船舶与海工装备方

面,福建省重点推动以省船舶集团、三峡风电装备等企业为龙头的闽江口船舶与海工装备产业集群。工程机械方面,福建省推动以龙工集团为龙头的龙岩工程机械产业集群,重点发展装载机、挖掘机等产品。

第二节 主要特点

一、数字经济引领智能制造发展

福建省数字经济的发展,在推动新产业、新业态发展的同时,也为传统产业的升级改造提供了有力支撑。一方面,福建省积极推进"上云用数赋智"行动;另一方面,福建省以工业互联网的发展为契机,赋能传统行业,推动传统行业的数字化、网络化和智能化转型升级。数据方面,2019年,福建省数字经济规模突破1.7万亿元,增速达到20.6%,占GDP的40.7%,总量排全国第六名,数字经济成为推动福建省经济高质量发展的新引擎。在数字经济引领下,福建省智能制造就绪率为6.8%,在全国排第16名;工业云的平台利用率为45.9%,生产设备数字化率为49.7%,关键工序数控化率为54.1%,正在稳步追赶长三角及珠三角区域的代表省市。

二、以双千兆网络建设培育经济增长新动能

近年来,福建大力实施新型基础设施建设,新基建指数居全国第五位,以"5G+宽带"的双千兆网络建设培育福建省经济增长的新动能。福建省加快建设"5G+宽带"双千兆网络,通过支持5G独立组网核心网建设和商用、建设新一代超大容量、智能调度的光传输网,《关于印发福建省新型基础设施建设三年行动计划(2020—2022年)的通知》指出,开展千兆光纤接入试点和移动网络扩容升级,优化偏远农村和海岛地区的网络服务等措施,实现了县级以上重点区域覆盖;固定宽带家庭普及率和移动宽带用户普及率分别居全国第二位和第六位。随着人工智能、物联网、5G等新兴产业的发展,福建省数字经济核心产业不断壮大,正在培育经济增长新动能。

三、"四大体系"加快建设先进制造业强省

近年来,福建省把推动制造业高质量发展放在更加突出的位置上,加快建设先进制造业强省。在体系构建方面,福建省着力增强构建协同创新生态

体系、产品质量治理体系、动能转换支撑体系、资源配置评估体系四大体系，提升福建省制造业高质量发展的支撑能力，进一步增强制造业高质量发展优势，打响"福建制造"品牌。在创新转型方面，福建省通过发挥创新支撑作用、补关键核心技术短板、提升企业自主创新能力、加快科技成果精准对接、推动工业绿色低碳循环发展、构建高质量发展体系等创新转型措施，推动产业集群发展壮大。

第三节 推进举措

一、部署智能制造试点示范相关工作

福建省选择基础条件好、需求迫切的行业和企业，开展省级智能制造试点示范企业遴选，并针对突出的关键制造环节，开展智能制造试点示范，目前有省级智能制造试点示范企业 125 家，涉及机械、电子、冶金、纺织等行业，涵盖流程型、离散型、大规模个性化定制、网络协同制造模式和远程运维服务模式五个示范类别。目前，全省有规模以上智能制造装备生产企业 450 多家、国家智能制造试点示范项目 15 个，有国家智能制造综合标准化与新模式应用专项项目 23 个，支持建设省级智能制造样板工厂（车间）17 个，认定省级智能制造试点示范企业 93 家，创建省级智能制造试点示范基地 5 个，实施"机器换工" 4 万多台（套）。

二、推进智能制造相关平台建设

福建省推动高校、科研院所与企业形成利益共同体，针对重点产业领域，联合建立重大技术研发机构、产业技术创新联盟、民营技术创新科研机构等机构与创新平台。具体来看，一是建立机械科学研究总院海西（福建）分院，打造装备技术创新服务平台和先进装备制造技术产业孵化器；二是与华中科技大学合作共建华中科技大学智能制造研究院，引进德国留学人才，打造具有强大技术创新、成果转化和产业化的支撑与服务平台；三是与清华大学联合建立大数据研究院，推动大数据应用示范和大数据创新成果转化；四是建立福建（泉州）哈工大工程技术研究院，强化在智能制造各细分领域开展前瞻性与创新性的科技研发，助力福建省智能制造发展。

三、资金补助为企业发展提供保障

为营造良好的发展环境,福建省对企业的持续发展提供资金补助。一方面,福建省出台《福建省首台(套)重大技术装备认定和扶持实施细则》,对属于国内首台(套)的重大技术装备按不超过市场销售单价的 60% 给予补助,最高补助金额不超过 200 万元;属于省内首台(套)的重大技术装备按不超过市场销售单价的 30% 给予补助,最高补助金额不超过 100 万元。另一方面,福建省组织和指导企业积极参与国家智能制造项目建设。目前,共有 23 家企业项目列入工业和信息化部财政部智能制造综合标准化与新模式应用专项,获得中央财政补助资金 5.48 亿元,目前共认定 23 家企业项目为省级智能制造样板工厂(车间)示范项目。

企 业 篇

第十九章 埃夫特智能装备股份有限公司

第一节 企业概况

埃夫特智能装备股份有限公司(以下简称"埃夫特")成立于2007年,是中国机器人TOP10企业、中国智能制造百强企业,入选了全国首批《工业机器人行业规范条件》、全国机械行业先进制造领域产教融合骨干企业、工业和信息化部第一批专精特新"小巨人"企业。埃夫特于2020年7月在科创板上市,股票代码为688165。目前,埃夫特已成为中国工业机器人行业第一梯队企业,经营范围包括机器人、智能设备及配件及汽车专用设备等。主要产品覆盖从底层软件、机器人到系统集成全产业链的研发和制造流程,可为铸造、机加、切割、焊接、抛光、打磨、喷涂、装配、物流运输等主要制造工序提供一站式智能化解决方案。公司产品应用场景遍布各行各业,在机器人整机方面,重点应用于光伏、3C、PCB、钢结构建筑、工程机械、教育及特殊电缆设备的配套等;智能共享工厂主要面向家具生产、传统汽车、新能源汽车、工程机械、轨道交通、集装箱、汽车零部件等领域。

第二节 智能制造发展情况

埃夫特通过引进和吸收全球工业自动化领域的先进技术和经验,打造智能共享工厂新模式,强化产业链条全布局,已经形成集核心零部件、整机、高端系统于一体的机器人全产业链协同发展格局。

一、打造智能工厂新模式，加速制造业转型升级

我国智能工厂、共享工厂等新业态和新模式发展潜力巨大，市场前景良好。2019年11月，国家发展改革等合15部门委联印发了《关于推动先进制造业和现代服务业深度融合发展的实施意见》。在汽车领域，以"四大家族"为代表的欧系、日系工业机器人长时间占据中国汽车市场份额，埃夫特很难获得显著的汽车市场份额。埃夫特扬长避短、独辟蹊径，积极布局家具、卫浴、铸造、钢结构、集装箱、光伏、酿酒、电商等蓝海市场。为助力众多中小企业转型升级，解决智能制造生产线投资门槛、运维高等难题，埃夫特坚持以大企业为引领、中小企业协同共享的发展理念，以工业互联网、工业大脑为主要抓手，联合京东、阿里云等龙头企业，推动政府平台、合作伙伴共同打造机器人智能共享工厂，为改造提升传统产业、发展先进制造业提供了有力支撑和重要保障。2020年2月，依托"十三五"国家重点研发计划支持，埃夫特联合江西汇明木业、深圳有为技术共同投资建设的江西首家家具智能共享喷涂工厂——汇有美智能共享喷涂中心，在江西赣州建成落地和投入运营。未来3年到5年，埃夫特将重点培育"共享工厂"模式，致力转型成为"智能设备制造商+服务商"，实现产业聚集区规模服务效应。

二、重视顶层规划设计，强化产业链布局

埃夫特积极响应国家号召，在工业机器人领域进行了长远规划和国际化经营布局，夯实了顶层规划设计，推进企业制度梳理和管理变革，强化产业链整体布局。在产学研用层面，埃夫特最先与哈尔滨工业大学建立合作关系，共同研发工业机器人，从电焊机器人、输送机器人到打磨机器人、装配机器人，不断增加整机产品样式。在研发投入、技术创新方面，埃夫特积极参与制定多项行业标准，创建省级工程技术研究中心、企业技术中心、院士工作站，联合高校科研院所组建机器人产业技术研究院，在意大利设立了海外智能喷涂机器人研发中心和智能机器人应用中心。目前，埃夫特已经具备了机器人领域内设计、运动控制、智能化及系统集成的自主研发可控技术。在产业链布局方面，埃夫特与长三角机器人上下游产业链资源进行深度整合，有效对接产业资本与智力资源，加速融入长三角机器人产业新格局。

三、自主研发和引进吸收双轮驱动，推动核心零部件布局建设

为解决工业机器人核心零部件受制于人的困境，埃夫特通过自主研发和海外技术引进吸收"双轮驱动"，成功掌握了多项行业精尖技术。在引进吸收方面，埃夫特成功收购了多家意大利相关企业，如喷涂机器人企业 CMA、金属加工和表面处理系统集成商 EVOLUT、汽车装备和机器人系统集成商 W.F.C，投资了意大利运动控制领域机器人核心部件生产商 ROBOX。埃夫特收购的四家意大利机器人公司，增强了其控制器、驱动器、喷涂整体解决方案，以及通用行业、汽车、轨道交通和航空等高端领域系统集成方面的实力，弥补了在机器人上下游产业链上的短板，扩大了埃夫特在机器人产业链布局的话语权。目前，埃夫特对核心零部件如控制器、减速器、伺服驱动加强自主研发，RV 减速机自主化率已达到 27%，自主化的控制器已覆盖全品类机器人。

第三节　经验与启示

一、加速核心零部件全面国产化进程，提升产业链竞争力

就目前情况来看，中国机器人市场仍为外资龙头品牌主导，来自欧洲、日本的工业机器人"四大家族"几乎覆盖上游除减速器外的所有核心零部件、下游系统集成。以汽车行业为例，在整体制造的冲压、焊接、涂装、总装四大工艺方面，外资集成商处于主导地位；在动力总成、车身制造、总装设备、柔性冲压、高效精冲等领域，外资也占据绝对优势。国内企业在控制器方面基本可以实现满足功能需求，其硬件平台与国外品牌水平接近，但底层软件架构和核心控制算法仍需进一步加强。埃夫特另辟蹊径，自主研发和海外技术双重并购战略途径，以加快核心零部件布局建设为动力，构建具有核心竞争力的产业链，已成为国内机器人领军企业之一。对于中国机器人企业来说，国内企业应该持续加大研发投入，加速核心零部件全面国产化，拓展本体和系统集成下游应用市场，从而提升机器人全产业链的核心竞争力。

二、开拓培育行业细分市场，建立机器人智造研发基地

以工业转型升级、高质量发展战略举措为背景，开拓培育行业细分市场，建立机器人智造研发基地是国内机器人主要企业保持领先的重要因素。埃夫

特通过深入调研国内中小企业发展现状和真实需求，充分利用国内机器人产业优势，挖掘潜在的、巨大的市场需求，开拓培育行业细分市场，积极打造出一个可持续发展的机器人智能制造生态圈。从开拓培育行业细分市场可以看出，埃夫特不断开发机器人应用产品和领域，除了通用和标准机器人产品外，还为多个细分行业市场研发并量产定制化机器人产品，在汽车及零部件、3C、家电、卫浴、电商、家具、钢构、集装箱、铸造、五金、机械加工、光伏、锂电等行业都拥有了众多龙头标杆客户。从智造研发基地来看，埃夫特组建了埃夫特机器人学院，联合京东打造产学研一体的智能制造基地，与高校和科研院所建立战略伙伴关系，积极建立机器人产业人才培养平台和智能制造研发基地。

第二十章 北京和利时集团

第一节 企业概况

北京和利时集团（以下简称"和利时"）成立于1993年，总部位于北京，于2008年在美国纳斯达克上市，股票代码为HOLI，已成为中国领先的自动化与信息技术解决方案供应商。目前，集团有员工3800余人，主要业务覆盖流程制造、离散制造等工业自动化、轨道交通、医疗大健康、城市基础设施等重要领域，掌握着国家高铁、核电核心控制系统技术。目前，和利时在中国杭州、新加坡、马来西亚等国内外设有研发生产基地和服务机构。和利时凭借自动化和信息化优势，对工业互联网、大数据、5G、信息安全等新一代信息技术进行深入研究和应用示范，打造了面向各领域应用的工业互联网平台，于2021年在中国自动化产业年会荣获六项大奖。近年来，和利时坚持以创新科技推进自动化，加速工业新型化，助力中国数字化、智能化转型升级。

第二节 智能制造发展情况

一、以工业互联网平台赋能企业，助力数字化转型升级

和利时牵引企业数字化转型需求，应用数字、互联网等新一代信息技术服务传统产业提质增效、降本减存，从工业大数据、数字孪生、工业App、设备诊断等领域深化平台业务和应用，推出"边云协同数用分离"的工业互联网平台。和利时通过工业互联网平台赋能众多企业转型升级，如为酒泉发射基地、即墨热电厂、中安联合煤化一体化、弘润石化芳烃联合装置等建设

了一批智慧电厂；为京沈、安六、银西、北京大兴机场、呼和浩特地铁等建设了智能线路。

二、坚持自主创新技术路线，专注布局智慧创新解决方案

作为高科技企业，和利时每年将10%的营业收入用于技术研发创新，始终坚持自主创新技术路线，一直专注智慧创新解决方案布局。目前，和利时参与主持多项国家标准，承担数十项国家级科研项目，拥有自主产品开发专利及软件著作权800多件。和利时自主研发的"高速列车自动驾驶系统V1.0"和"基于工业互联网和先进控制技术的智能一体化解决方案"被评选为"2020年中国软件行业优秀解决方案"。

三、全面布局三大业务领域，绘制智能制造蓝图

和利时提出了"3+1+N"发展战略，融合工业互联网、大数据、5G、边缘计算、工业信息安全等技术，赋能工业自动化、轨道交通自动化和医疗大健康三大业务。围绕三大业务领域，和利时集团提出"智能控制、智能智慧、自主可控、安全可信"的战略方针，系统考虑了基本生产要素，绘制未来智能制造蓝图。在工业自动化领域，通过采用"数字化制造+工业互联网服务"的模式，帮助企业智能化生产转型升级，实现降本增效、节能降耗；在轨道交通自动化领域，完全实现了车载系统技术自主开发，并成功应用于新加坡；在医疗大健康领域，研发的中药设备极大地提升了药房管理的智能化水平。

第三节　经验与启示

一、根植"5G+**工业互联网**"平台，加速传统产业数字化转型

工业互联网平台是连接数据、设备和人的统一载体，和利时将各领域的整体解决方案根植于工业互联网平台，加速了传统产业的数字化转型。随着5G时代的到来，"5G+工业互联网"平台融合应用将进一步催生全新工业生态体系，推动制造业高质量发展。目前，和利时主要依托4G网络和Wi-Fi等技术布局工业互联网，在节点容量、数据传输实时性等方面受到一定限制，而5G可以免除这些因素的影响，打破时空限制，实现万物互联互通。目前，和利时已将5G技术深度融合至三大主要业务中，如工业自动化领域的数字工厂操作系统HolliCube及多种智能化整体解决方案开始引入5G技术，为制

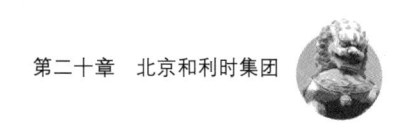

造业的转型升级加速。

二、聚焦优势产业领域，探索规模化复制推广的解决方案

目前，依托工业互联网平台设计智能制造解决方案是支撑制造业数字化转型升级发展的重要措施。但与欧美国家相比，中国工业互联网发展基础相对薄弱，高端领域竞争力相对不足，人才储备相对欠缺，因此应汇聚工业互联网智力资源、技术资源、资本资源，探索可规模化复制推广的优秀解决方案。和利时对比分析产品和制造的核心竞争力，进而找准行业痛点，通过推动与上下游企业及产学研单位联合，为各领域建设一批智能工厂。例如，和利时在交通领域研发的智慧公路综合管控系统，可实现数据融合、道路状态监测、应急联动指挥、智慧运维养护等。

第二十一章

上海东富龙科技股份有限公司

第一节　企业概况

上海东富龙科技股份有限公司（以下简称"东富龙"）成立于1993年，是一家为全球制药企业提供制药工艺、核心设备、系统工程整体解决方案的综合化制药装备供应商，产品广泛应用于无菌注射剂、生物工程、固体制剂、化学原料药、中药提取等药物制造科学领域。公司于2011年在深圳证券交易所创业板上市，旗下现有22家控股子公司，在国外有8家子公司和分支机构，员工达2600名。

东富龙自创立以来，秉承"专业技术服务于制药工业"的使命，聚焦"系统化、国际化"两大核心发展战略，在制药装备领域进行深度布局，拥有专利技术1200余项，已有超1万台（套）制药设备、药品制造系统服务于全球40多个国家和地区的超过2500家全球知名制药企业，总资产规模达52.08亿元，净资产为32.42亿元，年度营业收入规模超22亿元。未来，东富龙将继续致力于从"系统方案服务商"成长为"智慧药厂的交付者"，服务于全球制药工业。

东富龙作为上海市第一批智能制造系统解决方案供应商之一，拥有自有的智能化、信息化技术平台，聚焦制药装备的自动化、信息化、智能化发展趋势的研究和开发，提供制药行业智能制造整体解决方案，打造制药工业4.0智慧工厂。公司引入具有15年美国医药信息软件平台研发经验的资深科学家和中国相关行业专家，采用国际最先进的软件技术，并结合国内外医药客户现状，自主研发国际一流、国内独家的医药行业软件管理系统，打造药厂现代化的制造执行管理系统（MES），对接制药工厂企业资源计划（ERP）系

统,助力国内药厂真正做到自动化和信息化的高度融合,朝着高效节能、绿色环保的方向发展,推进药企生产管理体系不断与国际一流水平接轨。

第二节 智能制造发展情况

东富龙以企业资源计划(ERP)、产品生命周期管理(PLM)系统为管理主线,集多项管理系统于一体,配置全覆盖的车间执行系统,实现制造、工艺、计划、物料等的协同管理,达到工厂集成化、数字化及智能化的目标,形成智能决策平台。

一、引进专业化工业软件,实施智能化项目管理

东富龙通过引进 PLM 等系统,将所有产品的工序、尺寸、温度、湿度、缺陷特征等质量和工艺数据参数化、数字化,结合现有自监测智能设备,实现了生产过程的在线管控、产品质量的自动检测,以最低的制造成本实现最佳的质量目标,保证过程品质可追溯,大大提高了客户满意度。公司数字化能力支持三维(CAD/CAE)设计协同管理的要求,建立了产品数模模板、建模规范及公司产品标准件库。公司将对生物制药系统、装备和产品研发管理体系进行数字化定义,规范研发流程,实现研发协同分析仿真、协同制造、协同营运维护,为设计、工艺规划、工装设计等部门的并行工程提供准确可靠的单一数模数据源。

PLM 等系统的引进令产品的各项信息结构化、数字化,结合原有的自检测智能设备,实现生产过程中的产品质量实时在线管控,确保产品的质量品质,降低约 15% 的报废率。

二、建设全连接信息系统,实现智能化生产

东富龙建设了基于工业互联网的设备监控、防错报警、人机交互、检测报告、故障信息、工艺报警、生产报表、过点追溯、项目管理系统(PMC)及报警系统;通过该系统基台数据能自动传入 MES,实现数据的及时采集、分析、监控,通过数据的实时全面掌握和应用,使生产过程透明化,能有效提高产品质量,降低报废率;通过 MES 的工艺管理、质量管理、设备管理功能,大大提高工厂生产效率和管理水平,促使整个车间产能利用率提升,综合利用率达到 85% 以上。

通过集成系统的数据获取、分析与信息实时追踪、反馈预警，实现客户需求与生产制造服务能力快速匹配，设计制造全过程的数字化能力优化了资源配置，实现降本增效。

三、构建数字孪生三维场景，打造智能化车间

东富龙通过建立数字孪生系统，将工厂内的设备、生产线、车间等工厂场景构建成虚拟三维模型，实现可视化智能车间管理。数字孪生系统通过与数据库等信息系统进行实时交互，能使各个设备的作业状态信息在工厂大屏上完全展示，进而使员工能够直观、同步及精确地把握设备状态信息，工厂层面也能够实现对人员作业信息的精准了解。针对具体设备的作业环节，工作人员只需单击相关按钮就能够看到由现场摄像头拍摄显示的设备实时作业画面。数字孪生系统确保了整个流程的可视化，也确保了对现场机器的实时感知。

公司通过仿真分析设备的利用情况及生产车间的生产能力，明确了生产瓶颈点及部分未被充分利用的生产空间，大大提高了生产效率和管理水平，其中场地的利用率增加30%以上；生产车间的设备资源配置实现了优化，现有设备利用率提高10%左右。

第三节　经验与启示

一、构建信息化质量管理体系，实现全面质量监管的智能化

东富龙积极引入质量管理系统（QMS）、实验室信息管理系统（LIMS），提高质量管理和质量检测的信息化水平，减少业务流转过程中的人工干预，降低了人工出错的可能性，以电子文件及记录逐步取代纸质记录，保证质量管理数据的可追溯性和完整性，实现检测、生产、质保及客户信息的共享。QMS与MES、LIMS数据互通，建立快速、高效、安全的质量信息共享平台，加快响应速度和决策速度，提高生产效率和产品质量保证水平。

二、搭建信息系统集成平台，实现经营管理业务的互联互通

东富龙借助信息化手段，实现不同系统间的信息共享，搭建信息系统集成平台。在统一平台上集成生产调度、产品跟踪、质量控制等管理功能，并基于统一的数据库平台，通过网络同步为生产部门、质检部门、工艺部门、

物流部门等提供车间管理信息服务，最终建立一体化的 ERP/MES/底层信息体系，使公司能够有效控制和组织生产，实现经营管理业务的互联互通，为公司决策提供依据。

三、打造智能工厂全覆盖管理网络，实现企业降本增效

东富龙智能生产车间通过全新引进 MES、PLM、PMS、CRM（客户关系管理）系统，与企业原有的 ERP、EPM（全面预算管理）系统、条码系统、OA（办公自动化）系统等进行深度集成，致力于在工厂和企业内部形成以产品全生命周期为核心的数据互联互通的制造网络，通过企业数据的集成分析打造智能工厂。智能工厂有效实现产品需求、产品订单带动企业生产，使生产资源在企业内部达到全局性优化配置，并进一步降低了生产成本，提高了生产效率。

第二十二章

上海汽车集团股份有限公司乘用车公司

第一节 企业概况

上海汽车集团股份有限公司乘用车公司（以下简称"上汽乘用车"），是上海汽车集团股份有限公司的全资子公司，成立于 2007 年，承担着上汽自主品牌汽车的研发、制造与销售。从诞生之日起，上汽乘用车就依托上汽集团 20 多年合资合作所积累的技术、制造、采购、营销和管理优势，以国际化的视野，创造性地集成全球优势资源，以高品质的产品与服务满足消费者高品位需求，以优秀的国际合作团队打造中国人自己的国际汽车领导品牌。

目前，上汽乘用车拥有荣威、MG 两大品牌，形成 6 大系列、30 多个品种的产品矩阵，涵盖了中高级车、中级车、大众普及型车及跑车等宽泛领域。公司拥有三个技术研发中心，建有上海临港、南京浦口和英国长桥三个制造基地。其中，上海临港制造基地完整涵盖了冲压、车身、油漆、总装、发动机车间五大工艺，整车生产规模可达到 15 万辆/年；南京浦口制造基地拥有全球最大、产品最丰富的单体动力总成厂，全国唯一一座无人焊装厂、全套现代化生产线等先进设备。

上汽乘用车已陆续推出荣威 RX5、名爵 ZS、荣威 i6、荣威 950、荣威 750、荣威 550、荣威 360、荣威 350、荣威 W5、荣威 E50（纯电动）、荣威 550 Plug-in（油电混动）、MGTF、MG7、MG6、MG5、MG3、MG GT、MG GS 等一系列车型，已形成多平台、全系列的自主品牌产品布局，以及与国际汽车技术发展趋势同步的、覆盖主流乘用车领域各个细分市场的宽系列产品线。上汽乘用车在做强做大传统车的同时，致力于开发油电混合、纯电驱

动技术，包括进行混合动力和电动车动力系统、控制集成、电驱变速箱等的开发。

第二节 智能制造发展情况

在"上汽新四化"的战略指导下，上汽乘用车上海临港工厂聚焦制造全业务链数字化运作，构建了完善的数字化平台并落地应用，通过建设"智工艺、智生产、智物流、智品质、智运营"的应用生态圈，为打造高端数字化新能源专属基地全方位赋能。

一、建设数字化系统和平台，加速工艺和设备管理智能化

智能化工艺。上汽乘用车通过搭建和运作数字化平台，应用虚拟数字仿真技术实现了工艺设计、设备规划设计的虚拟分析、评价、优化及验证。在此基础上，数字化技术的深度应用进一步拓展到围绕产品全生命周期的制造工艺体系精细化管理，不仅全面提升了工作效率、提高了项目交付质量，还缩短了项目验证周期和验证成本。

智能化设备管理。上汽乘用车开发的具有自主知识产权的设备管理系统，涵盖了围绕设备管理的报修维护、故障分析与解决、设备改进，以及备件管理等功能，全面提升了设备综合管理效能；基于公司开发的多系统互联4M 变化点管理系统，实现了变化点的自动识别、自动提醒和智能处理，实现了生产现场变化点管控的智能化和可追溯性。同时，公司进一步利用能耗 AI 机器算法预测模型，在实现实时用能计量、远程监控、智能预警的基础上，通过智能算法模型指导运维及能源 KPI 管理，实现能源站房自控寻优、决策优化及远程管控。

二、围绕制造各环节效率提升，打造全流程智能化体系

智能化生产。上汽乘用车持续加强 IT 与 OT 技术的深度融合，构建以制造执行系统 iMES 为核心的跨界互联数字平台，打造数据自动流动、感知实时分析、问题科学决策、方法精准执行的智能闭环生产赋能体系。借助生产管理系统，实现公司内部生产状态及时、准确、全面监控，并生成多维度、多层级的分类报表，有效助力公司各层级人员结合问题的根源属性进行科学决策，促使生产瓶颈不断优化改善，生产效率不断提高。

智能化物流。公司充分利用物联网、大数据、人工智能、智能 AGV、智能分拣等新兴软硬件技术，重新定义构建了"规划—运营—执行"3 个层次的智能物流新平台。通过新平台的数据实时共享、集成与应用，实现供应备货、运输、仓储等运营过程的精准控制，有效提升物流各环节运作响应效率，提高了预测与风险应对能力，逐步形成了厂内外业务高度融合协同的智能物流生态系统。

智能化运营。公司以端到端的数据自由流动为根本出发点，自主研发了涵盖生产、运营全业务链的多系统高效互联互通的大数据平台，实现生产、运营各个业务系统数据的互联互通。公司以数字为核心驱动力，实现全业务链条信息传递浅层化、信息共享透明化、互动更新及时化、业务执行信息化、分析决策智能化，从而不断提升生产协同质量与效率，全力赋能工厂智慧运营，助力公司从以往的经验判断走向现在的"数字解析"与"智慧决策"。

三、围绕全生命周期数字化质量管控，实现智能化治理

上汽乘用车通过构建基于质量检测、防错预警、质量分析和质量管理一体化的数字化质量管理系统，将传统质量管控手段加速向在线化、数据化和实时化的数字信息模式转变，实现了关键质量数据实时采集、异常状态实时预警，质量问题实时反馈的智能全过程闭环管理，全面提升产品质量，确保制造质量"零"缺陷。例如，公司应用数字化质检技术实现对车辆"智"检，确保高清影像成形、自适应巡航雷达、自动泊车等功能标定 100%合格。通过融合图像识别技术和 AI 算法，公司实现全系车型在线选装件的自动判断与错误报警，有效预防质量缺陷溢出。

第三节　经验与启示

一、大力推进新兴智能技术融合应用，显著提升制造各环节经济效益

上汽乘用车不断推进 IT 与 OT 技术深度融合，充分利用大数据、物联网、人工智能、智能 AGV 等智能软硬件技术，搭建数字化平台和生产管理平台，实现工厂自动化水平大幅提升，荣威 RX5、荣威 RX5 MAX、荣威 RX5 PLUS 等车型的焊接自动化率达到 100%，整车平均 76 秒/辆即下线。目前，工厂产能已超过原有规划产能（40JPH），提升至 42JPH，在生产线不额外增加

硬件设备的前提下实现了生产线开动率提升 1%，年产能增加 6000 台。

公司通过运输管理系统平台对物流关键流程节点信息实时监控，实现从订单到交付的全流程在线透明化。采用时间矩阵配合最短路径算法计算装载率最优的运输线路，实现 MR 线路与装载率优化，单车运输成本下降 6%。通过需求计划管理系统平台，实现了客户需求在线对接、制造 OTD 时间缩短 2 天、KD 呆滞库存降至零。

二、搭建信息化管理系统，大幅提升能耗、质量管理水平

上汽乘用车得益于自主研发的设备管理系统，实现对管理生产设备的精准辅助管控。同时，AI 技术的赋能使公司对能源设备的管理、管控决策更及时，有效提升了全厂的设备管理效率。能源智能管理平台实施后，通过 AI 节能预测模型寻优控制并结合能源预警、远程控制及跑冒滴漏闭环管控，实现单车能耗下降 3.8%。

同时，在智能化质量管控方面，基于搭建质量管理系统平台，以及利用 SPC、相关性分析等在线工具，实现了车辆质量特性实时监控、质量问题快速预警，提升了自动化防错能力及过程质量监控能力。

第二十三章

广州明珞装备股份有限公司

第一节 企业概况

广州明珞装备股份有限公司（以下简称"广州明珞"）成立于 2008 年 6 月，总部位于广州市高新技术产业开发区科技企业加速器园区，主要从事汽车车身智能生产线规划、设计、制造和运维服务，是奔驰、宝马、奥迪、大众、通用、长城、吉利、广汽、上汽、北汽等国内外整车集团的全球供应商，产品多次出口到美国、德国、日本、墨西哥、南非、马来西亚等。广州明珞现建有三大智能工厂，并在广州、上海、柳州等地拥有 7 家全资及控股子公司。

广州明珞自创立以来，于 2016 年先后入围广东省智能制造试点示范项目、广东省工业互联网应用标杆及培育项目，2018 年、2019 年、2020 年先后获得工业和信息化部制造业与互联网融合发展试点示范项目、工业互联网试点示范项目和大数据产业发展试点示范项目认定，建有国家企业技术中心、省级企业技术中心、省级工程技术研究中心、广东省工业设计中心、博士后创新实践基地等创新载体，每年研发投入占销售收入比重的 10%以上。知识产权方面，截至 2020 年，广州明珞累计拥有国内外自主知识产权 635 项，其中国家国际发明专利 67 件、软件著作权超过 128 项，2019 年获评国家知识产权优势企业，2020 年入选工业和信息化部工业企业知识产权运用试点名单。

第二十三章　广州明珞装备股份有限公司

第二节　智能制造发展情况

一、打造非标装备的柔性混线生产线

非标装备是汽车智能生产线中的重要组成部分，具有不可替代的作用。一方面，非标装备往往以单件或小批量形式存在，导致没有足够的设计经验数据、完整的制造工艺工装以及必要的试制、试验供规划设计参考；另一方面，面对日益增长的非标零部件需求，快速开发、个性化、高效率、高质量、低后期维护成本逐渐成为汽车装备制造的热门需求。针对以上问题，广州明珞着力打造非标装备数字化示范生产线，将高档数控机床和机器人等智能装备与信息技术、软件深度集成融合，实现精密零部件柔性混线生产，工时较传统生产方式缩短约 75%，质量合格率近 100%。具体来看，一是通过集成 SAP-ERP 系统、SRM（供应链管理）系统、CRM（客户管理）系统、PLM（产品生命周期管理）系统、SAP 平台、智能 WMS（仓储管理系统）以及自主开发 MISP（工业物联网智能服务制造平台）等打造数字化车间，实现车间级的管理、集成和控制，并合理组织、配置车间的人、机、物料等制造资源，提高车间的快速响应和处理能力。二是集成以往项目的工艺要求、生产方法和生产组织方式，将产品信息、产品特征、资源和制造工艺有机关联，打造专业化智能柔性生产系统设计知识库，并通过云技术，允许设计工程师协同开展智能柔性生产系统设计。三是在共享智能柔性生产系统设计知识库的基础上，与下游企业开展协同设计，根据企业个性化需求调整设计方案。

二、以"智造家"打造专业的产业链服务平台

广州明珞专门为智能制造尤其是离散制造企业打造了"智造家"工业互联网服务平台（IME），可以为企业提供产品、信息、管理、技术、人才、金融等服务。"智造家"主要应用于设备采购、虚拟制造、现场安装等环节，包括非标管家（非标采购供应链管理及协同工具）、图纸云（产品及过程数据信息管理工具）、透明工厂（工厂生产执行信息化管理系统）及设备备件云（设备维护保养系统）四大部件。其中，非标管家为下游用户提供采购项目管理、一键催报价、全流程动态实时推送、供应商业管理等解决方案。图纸云支持以项目为中心的图纸管理、传输、共享和版本追溯，能够自动建立图纸文档层次结构，并允许移动访问、跨平台多格式查看追踪。透明工厂为

智能工厂提供从订单到排产、生产工艺、工序流转、过程管理、物料管理、质量检查、订单发货和数据统计分析的全流程信息化管控。设备备件云为用户量身定制设备维护保养计划,规范并记录维护维修过程(方案、人员、工时、备件等),建立设备维修知识库,建立持续完善的定期保养机制。IME通过整合打通非标管家、图纸云和透明工厂,推动产业链管理效率最高提升70%。

三、创新运维管理及服务体系

广州明珞针对自动化产业传统管理过程存在"规划设计方案现场反复验证优化""投产爬坡周期长、设备不稳定、开动率低""运维保养靠经验,备品、耗品过度储备,依靠人工定期巡检+应急维护""生产线改造无数据依据,报废简单粗暴"等不可靠问题,研发出面向汽车制造自动化生产线运维全过程数据一体化及智能决策的工业物联网智能服务制造平台(MISP),打通设备、系统之间的数据壁垒,推动不同设备多源异构数据的互联互通、工业协议的相互转换。MISP通过数据驱动实现汽车制造自动化生产线设备健康和故障预测、生产效率优化、备品备件优化等应用,将非数据驱动的人工运维流程转变成数据导向驱动的自动化流程,实现"新线交付+生产线改造+生产运维+残值评估",有效增加生产线设备回收再利用15%、生产效率5%,降低运维成本50%、备件库存40%、故障率50%。目前,MISP已连接全球7个国家200余条、价值超20亿元的自动化生产线资产,计划2021年新增生产线连接与诊断300条,实现工业物联网数据服务8000万元以上。

第三节 经验与启示

一、从系统集成商向增值服务商转型

面对精密复杂的生产装备制造业,围绕自动化、精益化(提高设备利用率,实现最优投入产出比)、柔性化(满足多样化的生产,实现设备资产投资通用性最大化、风险最小化,以及设备的回收再利用)、数字化(设计、制造、物流、供应链等环节数字化赋能,缩短交付及新产品迭代周期)、智能化(自动收集生产线相关数据,进行故障预警排查、迭代更新)五大方面,广州明珞在以方案设计、工艺设计、电气设计、虚拟调试、生产装配等为主的传统智能制造解决方案基础上,深度融合大数据与工业互联网等新一代信

息技术，以工业物联网智能制造服务平台（MISP）和"智造家"工业互联网服务平台（IME）为切入点，向生产线/设备/元器件的诊断评估、智能运维、回收再制造、供应链管理等技术增值服务，产业金融、融资租赁等金融增值服务延伸，形成"智能制造解决方案+工业互联网数据技术服务+供应链资源整合协同+离散制造产业金融服务"的智能制造全生命周期服务体系，打造产业链闭环，推动广州明珞从传统系统集成商向新型增值服务商转型。

二、柔性制造下的标准化协同

在个性化定制、柔性化生产的基础上，广州明珞通过标准化和流水化，将复杂的非标准化设计工作尽可能地分解为流水化的高效作业，实现降低工时单价，效率、效益倍增。一方面，广州明珞践行自主创新的 MOE（MINO Operations Excellence）生产管理方式，提供智能制造解决方案的标准化。其中包括实现 ERP、PLM、CRM、SRM、MES、WMS 等全面深度信息化，打造柔性系统设备、标准输送产品、机器人附属设备、标准电气控制系统、标准夹具部件等标准化产品，并通过流水化、数字化的生产方式，以非标准化设备、工艺、流程等的标准化成果为支撑，优化交付过程控制，减少工程变更，缩短行业传统交付周期 50%以上。另一方面，广州明珞还积极联合相关科研院所及行业龙头企业共同推动智能装备制造行业管理标准、评估标准、数字化成熟度标准制定，致力于以标准规范牵引装备行业的效率和价值提升。

第二十四章

中国电器科学研究院股份有限公司

第一节 企业概况

中国电器科学研究院股份有限公司（以下简称"中国电研"），前身为始建于 1958 年的第一机械工业部广州电器科学研究所，现隶属于中央直管国有重要企业——中国机械工业集团有限公司。中国电研持续开展电器产品环境适应性基本规律与机制研究，并围绕电器行业的标准规范、检测评价、系统集成、电能转换、先进控制、材料质量等共性技术进行研发，取得了一系列科技创新及核心技术成果。中国电研重点为电器产品质量提升提供系统解决方案，其三大主营业务包括质量技术服务、智能装备生产、环保涂料及树脂生产。2019 年，中国电研主营业务收入超 26.7 亿元，研发投入超 2.1 亿元。

中国电研是 2017 年工业和信息化部推荐的"第一批智能制造系统解决方案供应商推荐目录"中的 23 家供应商之一，也是广东省战略性新兴产业骨干企业（智能制造领域）、"广东省装备制造业骨干企业"，同时入选了广东省智能制造生态合作伙伴名单（2021 年）。基于自身技术储备，包括工业机器人系统集成、智能传感器、数据采集等，中国电研自主研制了智能数控钣金设备、真空成型设备、专用发泡设备、机器人智能装配生产线、自动检测线和试验设备等产品，并提供定制化的生产信息管理系统，真正实现了工厂管理的信息化和智能化，为家电企业提供从单个生产工艺到完整的生产工艺流程实现"机器换人"的系统解决方案。除服务于国内各大家电企业外，中国电研家电智能制造与试验装备还出口到"一带一路"沿线的 30 多个国家和地区。

第二节 智能制造发展情况

一、提供家电智能工厂系统解决方案

中国电研自主研制了机器人自动化装配生产线、机器人定制化系统解决方案、机器人视觉装配系统，以及智能数控钣金设备、专用发泡设备、真空成型设备、智能检测线和试验设备等产品，并针对客户厂房尺寸、产能、产品类型、投资预算等各方面要求，以系统集成的方式，提供一站式智能工厂/数字化车间解决方案，满足客户自动化升级需求（见图 24-1）。针对生产企业在实际生产过程中数字化、信息化的需求，中国电研以定制化的生产信息管理系统进行匹配，实现生产制造数据的实时收集、整理、分析、呈现和回溯，切实打通生产车间的"信息孤岛"。此外，中国电研借助物联网技术及大数据技术，让数据实时流动，突破设备层、管理层和运营层的时间、空间和系统限制，进行工厂的数字化管理，为家电企业提供从单个生产工艺到完整生产流程的智能制造系统解决方案，实现家电智能工厂的交钥匙工程，提高家电企业的生产智能化水平。在长期发展中，除了一大批国内家电龙头企业客户外，中国电研还积累了包括印度的 Havells、阿尔及利亚的 Eurl Saterex、

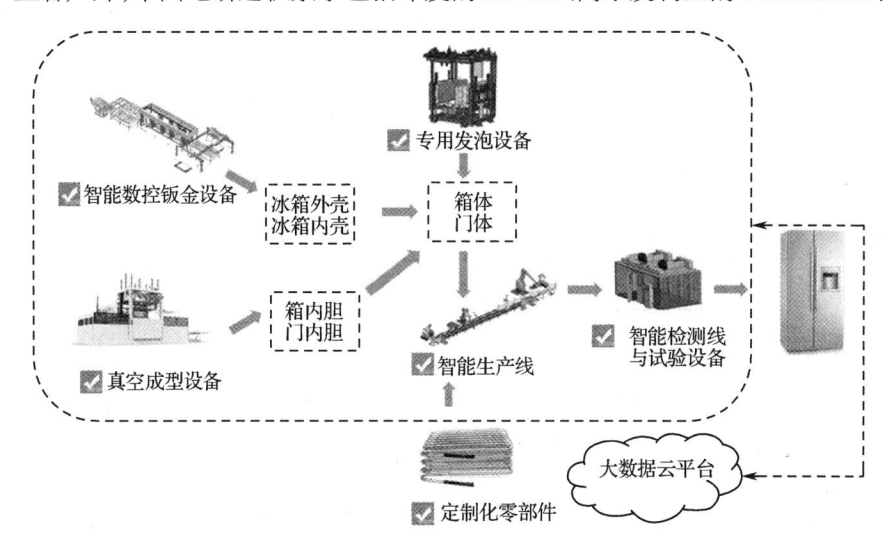

图 24-1 中国电研家电智能工厂系统解决方案示意图
数据来源：《中国电器科学研究院股份有限公司科创板首次公开发行股票招股说明书》，赛迪顾问整理，2021 年 4 月

埃及的 Unionaire Group 等国外知名家电品牌客户。2019 年，中国电研家电智能工厂系统解决方案的销售收入达 2.53 亿元，是中国电研的拳头产品之一。

二、研发家电智能检测系统

中国电研积极研发电器智能检测系统，为家电企业提供智能化检测服务。中国电研拥有中国本土最早获得 IECEE 认可的 CB 实验室之一，也是中国 NCB 签约实验室中出具 CB 报告最多的实验室，出具的报告已获得全球超过 70 个国家和地区的 100 多家权威机构的认可。依托丰富的技术储备与深耕电器行业多年的权威性，中国电研开发了由计算机数据采集处理系统、各种智能仪器仪表组成的数据采集系统、被测产品运行控制系统所组成的家电在线检测系统。该系统集成了产品测试流程及方案设计、硬件系统集成、软件系统开发设计，针对家电产品生产过程中的安全检测、性能检测、缺陷检测、质量检测等检测模块，采用工业以太网、现场总线技术、工业无线通信技术等关键技术，为家电企业提供家电产品生产过程中的实时数据分析和可视化展示，以快速检测产成品的性能。

三、以数字建模推进柔性化制造

作为家电智能工厂整体方案供应商，中国电研已经具备为家电厂商进行智能工厂设计的技术能力。通过数字建模技术对家电工厂的厂房、设备、物料、物流等要素进行 3D 建模，在实际生产、安装、制造之前，通过仿真确定最优方案，提高了设计开发效率，大大缩短了设计周期，降低了设计成本。家电智能工厂以工业互联网平台为核心，采用中国电研自主研发的家电行业工业机制模型和工业 App 等，连接工厂各种信息化系统和智能装备，提供家电产品生产的计划调度、生产执行、质量管控、设备运维、能源管理、设备预测性维护等方面的信息，推进家电制造过程的智能化、柔性化。针对公司部分境外客户所在国家或地区家电产业配套能力较弱的特点，中国电研还为此类客户提供以数字建模为核心的模具设计和制造、零部件 CKD 供货及生产技术服务，解决境外客户缺乏必要的零部件采购渠道的实际困难。

第二十四章 中国电器科学研究院股份有限公司

第三节 经验与启示

一、坚持以研究为基础的成果转化路线

中国电研凭借丰富的研发经验，已经建立了共性技术、核心技术和产品开发"三位一体"的技术研发体系，同时形成了以自主研发为主体、外部单位合作研发为辅助的复合研发模式。中国电研坚持从电器产品环境适应性研究等应用基础研究出发，延伸至包括系统集成、电能转换、先进控制技术等的共性技术研究，在取得智能装备核心技术等专利成果的基础上，持续进行电器智能制造装备产业链的科技成果转化。自 2010 年以来，中国电研累计主持和参与制修订 500 多项国际、国家、行业、地方和团体标准，拥有超过 20 项核心技术；依托全国 10 多个产业基地和技术平台，中国电研自主研发的智能装备核心技术成果转化率达 90%。

二、依托研发平台夯实企业核心竞争力

作为转制科研院所，中国电研拥有雄厚的科研能力和丰富的研发平台。基于技术研究层次的不同，中国电研建立分层次的研发体系，主要包括以国家重点实验室、省部级重点实验室为研发主体主要从事关键共性技术研究的基础科研平台，以及以国家技术标准创新基地、省部级技术研究中心和应用研究型实验室为研发主体主要从事技术标准创新、质量提升核心技术研究的应用型技术研发平台。目前，中国电研已建成国家重点实验室、国家技术标准创新基地、国家日用电器质量监督检验中心、国家智能汽车零部件质量监督检验中心等 12 个国家级科技研发和技术服务平台，同时拥有 15 个 IEC 国际标准对接平台和 11 个国家标准平台。多层次的支撑平台不仅提升了中国电研接轨国际的能力，而且是中国电研不断创新保持产品核心竞争力的重要保障。

三、实施以整体解决方案为核心的"交钥匙"工程

中国电研长期深耕电器产品生产技术、质量评价、基础材料等质量提升领域的关键共性技术研究，具备为电器行业客户提供整体解决方案的综合服务能力。提供以整体解决方案为核心的"交钥匙"工程，是中国电研在行业内区别于竞争对手的重要核心竞争力。例如，在与印度 Havells 公司合作过程中，中国电研凭借完善的设计研发体系、强大的智能装备制造能力、智能

工厂信息管理系统和丰富的工程项目经验，根据 Havells 公司的个性化需求，提供"一站式"解决方案。该整体解决方案包括了智能工厂规划、产品设计、工艺设计、智能生产线装备、智能检测装备、智能信息管控系统、定制化部件等模块。中国电研据此为 Havells 公司打造了设备布局现代化、生产过程自动化、车间管理智能化的印度本土节拍最快、产能最大的空调厂，在国际市场上打响了中国电研的企业品牌。

展望篇

第二十五章

发展形势展望

第一节　整体展望

一、我国智能制造发展将加速回调

中央全面深化改革委员会第十四次会议中明确提出以智能制造为主攻方向，加快推进新一代信息技术与制造业融合发展，而我国在第十四个五年规划及 2035 年远景目标中，也指出加速推进制造业企业数字化转型进程，加之本次新冠肺炎疫情倒逼传统制造业企业加速信息化、数字化改造，在此背景下，我国智能制造相关产业有望持续保持快速增长势头，预计到 2023 年，市场规模有望突破 30000 亿元大关。

二、创新服务型制造场景引领智能制造发展的新模式

随着工业精准数据闭环的不断完善，通过数据挖掘技术将使工业数据价值进一步提升。利用生产线上采集的生产数据与积累的历史数据，经过清洗、处理、分析等过程，并与生产工艺、生产环境等其他参数进行协同并导入人工智能相关算法，得出基于深度学习分析的机械设备生产情况判断并给出实时预警及预测性建议，在此基础上，构建集智能采集、智能分析、智能诊断、智能排产、自动委托、推送方案、远程支持和智能检验等服务于一体的新型远程运维服务方案，通过构建服务平台、专家系统和标准化体系，打造完整的智能化运维管理体系。随着数据获取精度的提升和维度的增加，对于设备疲劳性检测的准确率也会大幅上升，尤其对于工业消耗品，设备磨损情况的精准检测将有助于企业降低消耗品更换频率，降低生产成本，更有可能衍生

出不同的商业模式。

三、工业智能算法平台将成为智能制造发展的底层支撑

工业场景与商业场景之间最大的区别就在于不同产业方向之间存在着极高的技术壁垒，而每个工业场景在不同行业、不同企业中的需求差异也非常大，在此背景下，通用性的算法模型将无法适应新一代信息技术在各个工业场景中的深度应用。针对不同行业的核心制造工艺，将其模型化、算法化、代码化，形成可供人工智能技术编辑及应用的底层开发平台，进而推动人工智能技术在工业场景中的应用。目前，国内众多制造业企业均已开始部署人工智能技术的应用，在全球各主要国家均发力推进智能制造的当下，鼓励国内企业打造自主开源的底层算法架构成为当务之急。

四、边云协同将成为智能制造发展的有效路径

工业互联网的发展不单单是工业上云，单一推动企业上云，一方面存在工业核心数据的安全问题，导致企业上云意愿不强或者选择部署私有云平台；另一方面使工业云服务对于企业的提升难以量化，导致企业无法有效评估上云的收益，进而上云意愿不强。构建云平台与工业现场边缘侧的联动，将有效解决上述问题，推进工业互联网进一步落地。通过将丰富的云端业务能力延伸到边缘节点，实现传感器、设备、应用集成、图像处理的协同，并利用边缘计算技术使工业现场设备实现自学习、自诊断、自由化，再使用算法平台将云端与边缘侧进行串联，打造真正形成边云协同的工业新大脑。

第二节 子行业展望

一、工业电商

工业电商受益于国家大力推动新一代信息技术与制造业深度融合、工业互联网快速发展、资本市场高度关注等利好，过去几年保持较高增速。新冠肺炎疫情期间，工业电商企业在加快工业企业供应链协同、促进复工复产等方面发挥了重要作用，通过线上采购平台、供应链金融等服务为中小企业节省采购成本、缩短采购时间，实现供需即时对接，让更多的制造业企业关注应用工业电商平台的益处，市场需求有望进一步扩大。

（一）2023年，中国工业电商平台交易规模将突破16万亿元

随着新一代信息技术与制造业的深度融合，工业电商平台应用将持续深入，国内需求不断提升，工业电商平台交易规模将继续扩大。预计到2023年，中国工业电商平台交易规模将达16.463万亿元（见图25-1）。

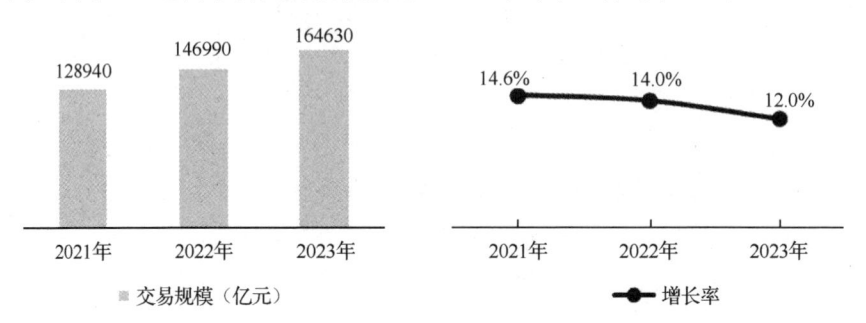

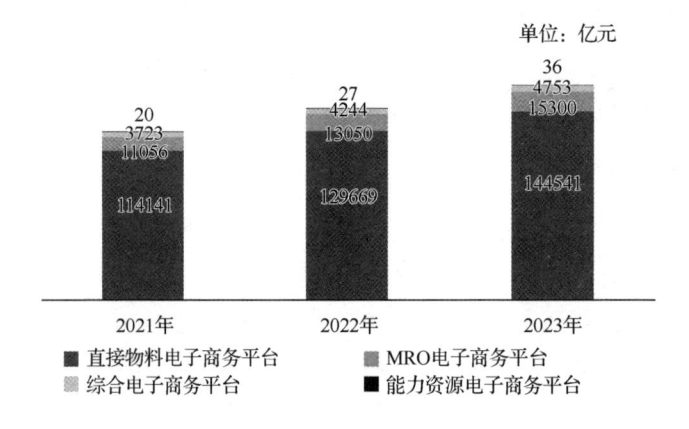

图25-1　2021—2023年中国工业电商平台交易规模与增长率预测

数据来源：赛迪顾问，2021年2月

（二）MRO电子商务平台和能力资源电子商务平台将加速扩大规模

随着新一代信息技术与制造业的加速融合，工业电商平台在提高供应链运转效率方面的优势将持续放大，各类型工业电商平台规模都将扩大，尤其是MRO电子商务平台和能力资源电子商务平台，受政策、市场关注程度越发强烈，其交易规模也将加速扩大。如图25-2所示为2021—2023年中国工业电商平台交易规模结构预测。

图25-2　2021—2023年中国工业电商平台交易规模结构预测

数据来源：赛迪顾问，2021年2月

（三）供应链龙头企业利用工业电商平台整合，延伸供应链上下游、打造产业链闭环

目前，中国已经形成了一批聚合信息资讯、系统集成、质量检测认证、仓储物流、金融服务等工业服务的工业电商企业，这类企业正在逐渐从单一的线上交易平台转型成为工业服务提供商，参与连接工业全要素。未来，工业电商平台将更加注重工业服务，探索更多的模式提高平台交易附加值，形成全产业链的数据流通。例如，建立区域售后服务中心、建设生产现场智能化仓库、开设线下体验店，加快仓储管理系统、订单管理系统、票据管理系统等软件服务系统的应用，加强信用评级机制，开放如设备租赁、共享仓库、金融借贷等更多新模式。

二、工程机械

从工程机械市场发展趋势来看，"一带一路"倡议持续推进、"新基建"加速落地、地产投资回暖等多项利好助力，为工程机械市场规模的增长提供了较好的机会。随着2021年政府工作报告的公布，国家财政力度揭晓，在保持宏观政策连续性、稳定性、可持续性的要求下，今年新增地方专项债额度仍高达3.65万亿元，同时优先支持在建工程，维持基建投资平稳，为工程机械市场及企业带来发展机遇。预计未来三年专项债投放保持平稳有序，有效保障项目建设进度。预计到2021年，中国工程机械市场规模将突破7800亿元，达到7849.6亿元，2021—2023年年均复合增长率将达到10.8%。从细分市场结构来看，起重机械、混凝土机械、高空作业平台等基建、房地产领域后周期产品有望接棒挖掘机械成为需求重点。同时，随着环保要求加码，工程机械持续向高端化、智能化、绿色化方向发展，挖掘机械、铲土运输机械、路面机械、桩工机械等工程机械设备也将进入迭代时期。

（一）我国工程机械市场规模增速未来三年将继续平稳增长

2021—2023年，在"一带一路"倡议沿线国家和地区建设项目落地、国内新老基建项目加速、地产投资回暖等多重因素影响下，中国工程机械市场规模将保持10%以上的增长速度，到2023年将达到9723.6亿元（见图25-3）。

（二）挖掘机械市场规模占比仍将保持最大

2021—2023年，大规模基础建设项目在前期开工阶段，有望加速挖掘机

械、铲土运输机械、掘进机械市场增长。进入中期阶段后，挖掘机械、铲土运输机械等增长速度放缓，起重机械、混凝土机械、高空作业机械等后周期产品市场增长速度将持续上升。总体来看，工程机械全行业将保持上升的趋势，挖掘机械市场规模占比仍将保持最大（见图25-4）。

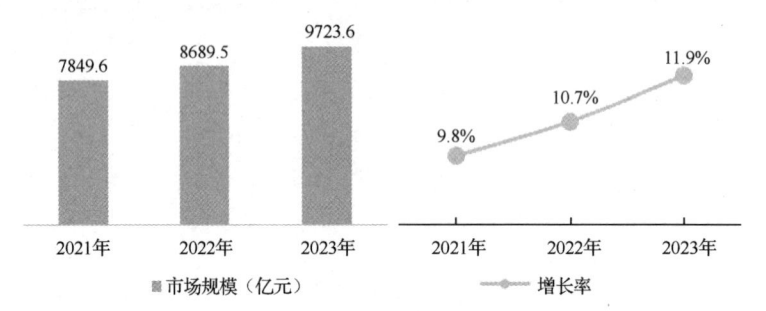

图25-3　2021—2023年中国工程机械市场规模与增长率预测
数据来源：赛迪顾问，2021年2月

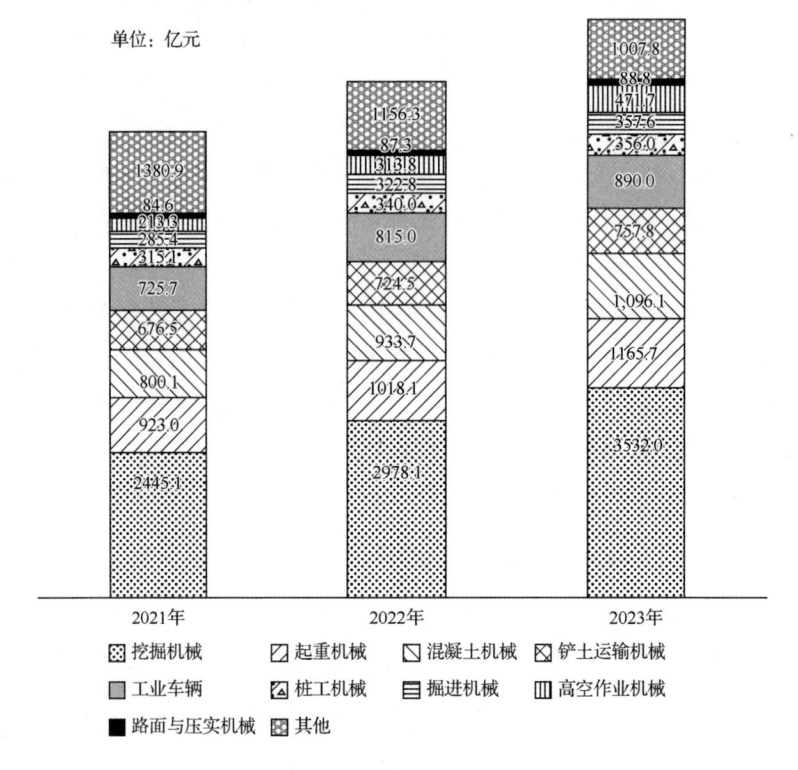

图25-4　2021—2023年中国工程机械市场产品规模结构预测
数据来源：赛迪顾问，2021年2月

（三）华东、中南区域工程机械市场仍然领跑全国

2021—2023年，随着我国促进区域协调发展的"两新一重"建设加速，信息网络等新型基础设施逐渐覆盖，一批交通、能源、水利等重大工程项目落地，区域结构的总体格局为：西南、西北、东北区域工程机械市场增速将超越华东、中南、华北区域，但由于市场基数差距较大，区域市场格局基本稳定，到2023年，华东、中南区域的产品销售规模仍然占据最大比重（见图25-5）。

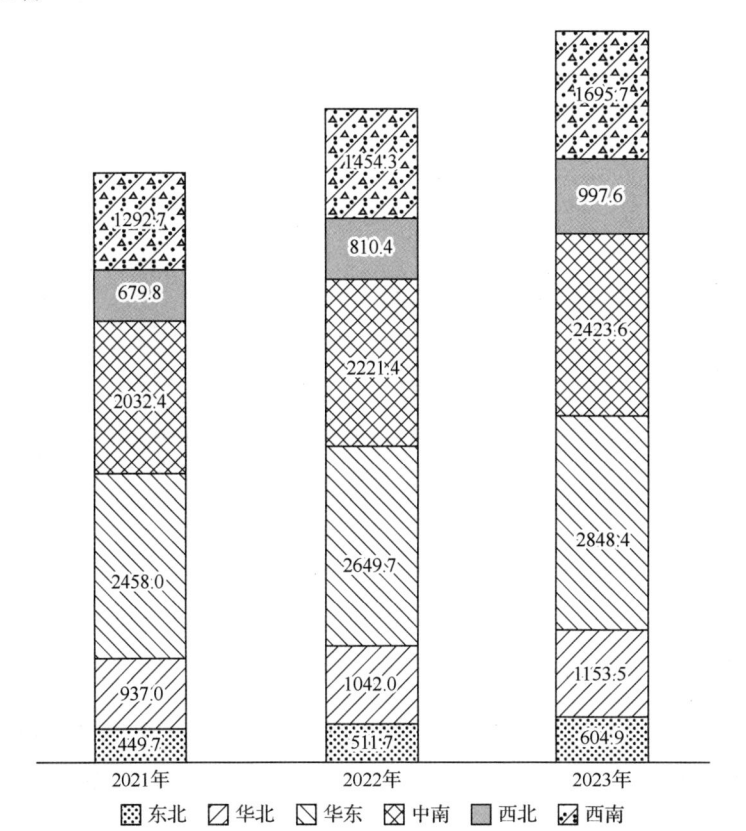

年份	东北	华北	华东	中南	西北	西南
2021年	449.7	937.0	2458.0	2032.4	679.8	1292.7
2022年	511.7	1042.0	2649.7	2221.4	810.4	1454.3
2023年	604.9	1153.5	2848.4	2423.6	997.6	1695.7

图25-5　2021—2023年中国工程机械市场产品销售规模区域结构预测

数据来源：赛迪顾问，2021年2月

三、工业机器视觉

随着我国智能制造的逐步推进和工业互联网的进一步发展，作为工业自动化中较为关键的边缘智能解决方案，工业机器视觉将逐渐从"可选"变成

工业自动化的"必选"。而在这样的演变过程中,国产工业机器视觉企业将发挥越来越重要的作用。

(一)2023年,中国工业机器视觉市场规模将达到300亿元

2020年,中国工业机器视觉市场规模约195亿元,同比增长11.4%。随着中国工业智能化转型升级的加速推进,信息化和智能化对工业机器视觉产品的需求会逐渐增加。即便在新冠肺炎疫情的影响下,中国工业机器视觉市场仍然保持了正增长。未来,随着中国工业自动化、数字化、智能化转型升级需求的逐渐扩大,将会促使工业机器视觉市场以较快的速度增长,预计到2023年中国工业机器视觉市场规模将达到300亿元(见图25-6)。

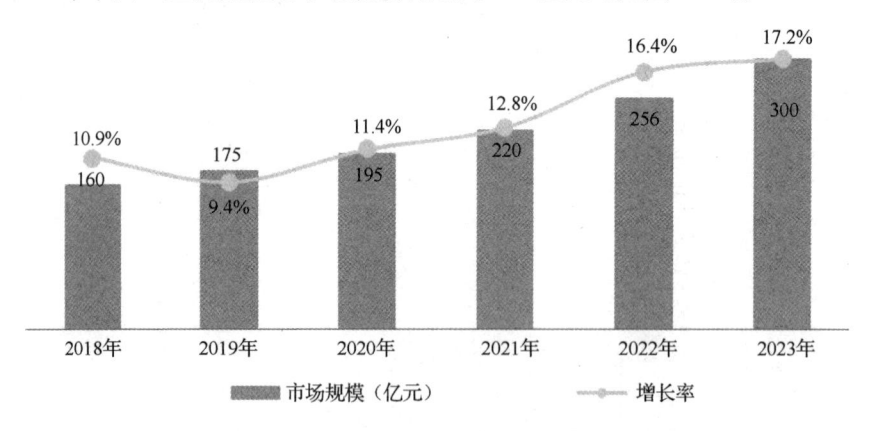

图25-6 2018—2023年中国工业机器视觉市场规模及增长率预测

数据来源:赛迪顾问,2021年2月

(二)国产品牌逐渐壮大,电子行业仍是主要应用市场

随着AI技术逐渐在工业领域落地应用,国内工业机器视觉企业如雨后春笋般涌现,市场竞争加剧已经成为工业机器视觉企业面临的最大挑战。目前,进入中国市场的国际机器视觉企业和中国本土的机器视觉企业(不包括代理商)已经超过200家,产品代理商超过300家,专业的机器视觉系统集成商超过70家,覆盖产业链各环节。从市场规模来看,工业机器视觉市场规模增速还有不断上升的空间,国外品牌的市场占有率逐渐降低,国产品牌的市场占有率逐渐提升,且销售额保持逐年增长。随着国产品牌逐渐在自动化领域深耕,工业机器视觉市场的国外品牌溢价逐渐降低,国产工业机器视觉产品将逐渐成为工业智能化改造的首选。在工业机器视觉的所有应用场景

中，电子行业、平板电脑显示和汽车是工业机器视觉销售额最高的三个下游应用行业，其中电子行业的应用占比将近一半。

（三）工业机器视觉将走向产品高端化

由于现阶段国内传感器等核心零部件企业数量少、水平较低，部分关键零部件仍需依靠海外进口，国内企业仍多以系统集成为主，规模体量和外资相比仍有较大的差距，尚未出现有主导地位的龙头企业。工业自动化技术正向智能化方向发展，随着"十四五"规划目标的不断实现，我国产业高级化的进程不断推进，产品和技术持续升级，工业机器视觉产品将不断走向高端化。

从产品形态来看，工业机器视觉通常以基于工业计算机的视觉系统和基于智能工业相机的视觉系统两种形态进行展现。根据工业生产需求及云边协同以边为主的基本逻辑，基于智能相机的边缘智能方案将以更快的速度增长，边缘智能方案视觉系统具有成本效益紧凑和灵活的特点，并且能够在云端的配合中实现其工业自动化的基本功能。

四、机器人

机器人是先进制造业的代表领域，是推动制造业高端化、智能化、绿色化发展的重要抓手。从机器人产业链各环节发展来看，核心零部件环节不断在技术上寻求突破，软件和算法环节不断融入更多的应用场景，本体制造环节不断探索由硬向软的技术过渡，系统集成环节不断深入行业优化解决方案，各产业环节都在通过提升创新能力、规范行业标准和加强开放合作来不断突破和解决发展瓶颈与面临的问题，推进机器人产业整体的高质量发展。

（一）2023 年产业规模有望突破 3000 亿元

受汽车、电子电气、医疗服务等下游市场拉动，2020 年机器人产业回暖迅速。总体来看，机器人未来三年仍处于向好态势，且保持较高增速，预计到 2023 年，产业规模将达到 3043.5 亿元，2021—2023 年三年复合增长率为 21.5%（见图 25-7）。

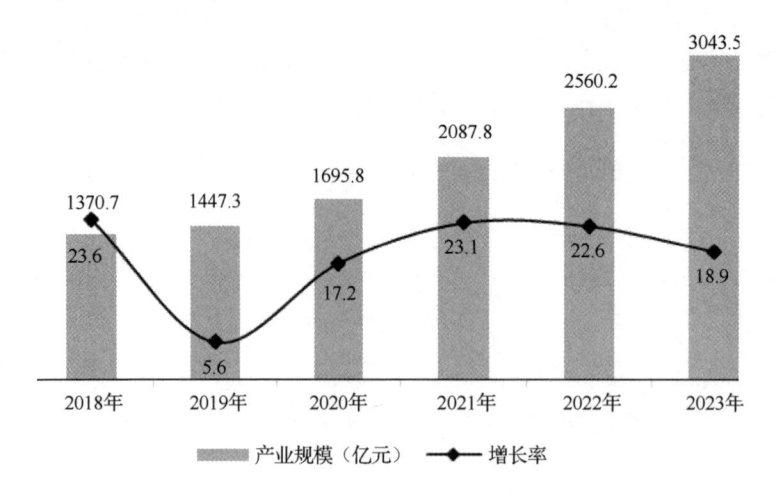

图 25-7 2018—2023 年中国机器人产业规模及增长率预测

数据来源：赛迪顾问，2021 年 2 月

（二）服务机器人产业规模占比不断提高

近年来，服务机器人产业规模保持较高增速，主要得益于医疗、教育、家政等细分市场的旺盛需求，以及危险岗位机器人替代的持续推进。受 2020 年新冠肺炎疫情影响，市场对医疗机器人、公共服务机器人及健康养老机器人的需求大幅提升，服务机器人未来的产业规模及占比也将持续增加。未来三年，在人工智能、智能传感、机器视觉等技术发展的推动下，中国服务机器人的应用场景不断增多，产品结构多元化趋势愈加显著，产业规模整体将保持较快增长。预计到 2023 年，中国服务机器人产业规模占比达到 30.5%。如图 25-8 所示为 2018—2023 年中国机器人产业规模结构及预测。

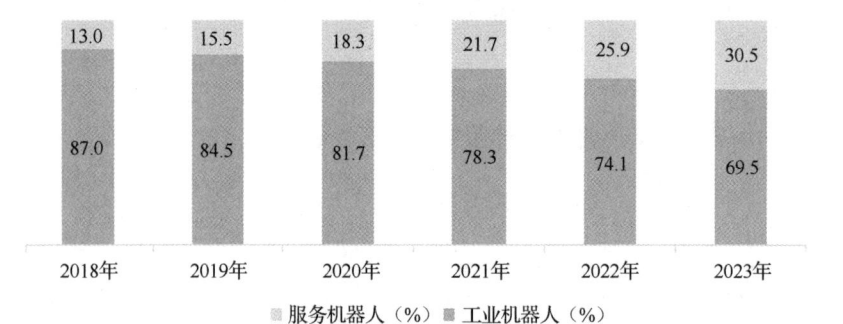

图 25-8 2018—2023 年中国机器人产业规模结构及预测

数据来源：赛迪顾问，2021 年 2 月

（三）产业链协同、应用下沉、"AI+"融合发展是未来机器人产业发展的主要趋势

1. 机器人全产业链协同发展持续推进

机器人减速器、控制器等核心零部件环节不断在技术上取得突破，软件和算法环节不断融入更多的应用场景，本体制造环节不断探索由硬向软的技术过渡，系统集成环节不断深入行业优化解决方案，各产业环节都在通过提升创新能力、规范行业标准和加强开放合作来不断突破和解决发展瓶颈与面临的问题，机器人全产业链的协同发展持续推进机器人产业整体的高质量发展。

2. 服务机器人在细分领域的应用逐步下沉

作为人工智能的核心载体，服务机器人的应用范围广阔，主要涉及清洁、配送、安保、救援、监护、教育、医疗等多种场景。一方面，受 2020 年全球新冠肺炎疫情的影响，疫情防控和医疗领域的服务机器人迎来逆势发展，尤其是消杀、测温、物流、安防等服务机器人产品，在新冠肺炎疫情的影响下，预计中长期市场仍将保持正增长。另一方面，伴随着人口老龄化的加速和人力成本的增长，医疗、家用、康养等机器人也将趋于多元化发展，细分领域产品逐步下沉至特定应用场景。

3. 人工智能技术加快赋能工业机器人智能化发展

工业机器人作为人工智能领域的重要研究方向之一，集成了计算机视觉、自动推理和机器学习等人工智能技术，随着人工智能技术的高速发展，深度学习、路径规划、任务级编程、柔性控制等技术与机器人加速融合，智能机器人将持续在智能制造领域扮演核心角色。另外，智能传感技术的突破也为工业机器人带来革新，如激光雷达、深度摄像头、超声波、防跌落等多种传感器数据将全面配合导航算法，也为工业机器人提供更灵活的行动规划方案，有效推动工业机器人柔性化发展。

（四）医疗康复、协作、移动机器人是投资关注领域

1. 关注医疗及康养复健机器人产品

目前，中国在康复训练服务方面的供给严重不足，仅仅依靠康复机构的人工训练已无法满足残障与伤病患者的康复需求，再加上全球新冠肺炎疫情蔓延、中国老龄及残疾人口数量上涨，医疗和康养领域的社会需求随之上涨，医疗机器人和康复机器人将持续高速发展。同时，中国本土企业自主研发的

医疗和康复机器人产品大部分正处于安全性和有效性的临床试验阶段，预计未来 3～5 年将会逐步形成量产，并迎来行业高速发展期。

2. 关注协作机器人及应用场景

协作机器人具有较高的易用性、灵活性和安全性，相对于传统工业机器人来说，协作机器人具有更加广阔的应用场景，主要应用于传统工业领域、仓储物流、外科手术及其他复杂危险的环境中。近年来，协作机器人逐渐受到资本关注，人工智能和机器视觉等技术的突破也将为协作机器人带来新的爆发点。目前，国产协作机器人正在以产品模块化、多样化、个性化的设计来竞争市场的主动权，相关企业具备大量融资需求。

3. 关注移动机器人及应用场景

移动机器人主要包括 AGV、AMR 等，已在工业、商业等细分领域得到应用。近年来，中国劳动力成本持续升高，这为移动机器人的发展提供了新的市场机遇。从应用场景来看，移动机器人在世界主要汽车厂的制造和装配线上及商业仓储物流领域已率先得到应用，未来在电力巡检、灾难救援、医疗物流等领域，以及急、难、险和重复性工作场景中，移动机器人将有更大的发展空间和潜力。

五、数控机床

随着国家层面数控机床产业支持政策的陆续出台，以及数控机床下游新兴行业的兴起，未来中国数控机床产业将呈现良好的发展态势。

（一）2023 年产业规模有望突破 3700 亿元

随着扶持实体经济复工复产政策不断出台，中国经济已经进入稳步发展阶段，且随着新能源汽车、工程机械、农业机械等制造业快速发展，下游行业应用将带动数控机床产业稳步增长。预计到 2023 年，产业规模有望突破 3700 亿元（见图 25-9）。

（二）智能化、专业化、精密化是未来数控机床发展的主流方向

当前，新一轮科技革命与中国数控机床行业转型升级正形成历史性交汇，以大数据、云计算、人工智能为代表的新一代信息技术催生了新产业、新模式、新业态，这也为数控机床行业发展带来了新机遇和新挑战。未来，通信技术、传输技术、数据处理技术、控制技术将进一步运用到数控机床产

品设计、制造、配料、仓储、售后等相关环节，用户对于数控机床的功能需求也将进一步升级，特别是航空航天、半导体、光学等领域对数控机床加工精度的要求将进一步提升，这将推动数控机床朝着智能化、专业化、精密化迭代升级。

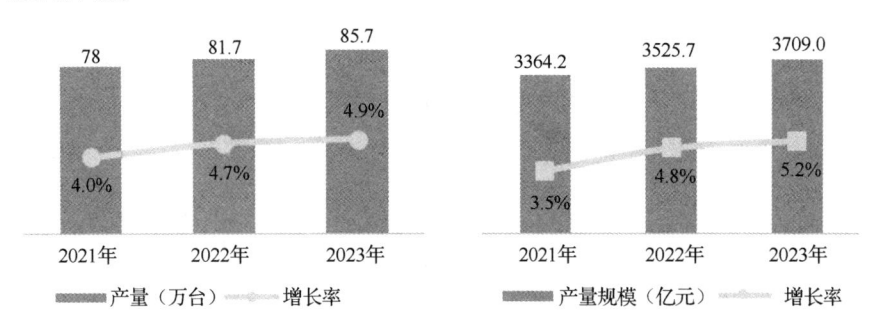

图 25-9　2021—2023 年中国数控机床产量与增长率、产业规模与增长率预测

数据来源：赛迪顾问，2021 年 2 月

（三）重点关注高档数控机床零部件和整机投资

1. 加大对数控机床功能部件的研发生产投资力度

数控机床高端主轴、刀具、丝杠、导轨等功能部件的技术水平直接决定了数控机床整机的精度和稳定性，然而中国数控机床功能部件的整体水平与国际先进水平相比还存在一定差距，目前已有部分企业在技术提升和产品开发方面做出了突破。建议投资机构重点关注高端主轴、刀具、丝杠、导轨等功能部件的技术创新和产品开发。

2. 加大对智能数控系统的投资力度

智能数控系统能够提供工业云服务平台支撑，实现生产过程的灵活配置应用及远程智能监控与管理，为智能生产线、智能车间、智能工厂提供智能制造整体解决方案。随着智能制造不断推进，建议投资机构重点关注智能数控系统相关的伺服系统、伺服电机、操作系统等核心部件，以及智能数控系统产品的研发和生产。

3. 加大对五轴联动数控机床的投资力度

五轴联动数控机床具有高效率、高精度、高稳定性的特点，可对复杂空间曲面进行高精度加工，对航空航天、精密器械、高精医疗设备等行业发展有着举足轻重的影响。建议投资机构重点关注五轴联动数控机床相关的多通道、多轴联动控制等关键核心技术，以及加工中心、磨床、车床、铣床等高端五轴联动数控机床产品的研发生产。

六、电力装备

（一）产业规模与结构预测

1. 预计 2023 年产业规模有望突破 8.9 万亿元

2020 年 12 月 12 日，中国国家领导人在气候雄心峰会上，对中国碳达峰和碳中和目标做出了具体细致的安排和规划，相关规划的实施将持续不断地刺激电力装备产业的快速转型和革新。在此背景下，中国电力装备产业的成套发电装备及输变电成套装备均将迎来新的增长周期，预计到 2023 年，产业规模有望突破 8.9 万亿元（见图 25-10）。

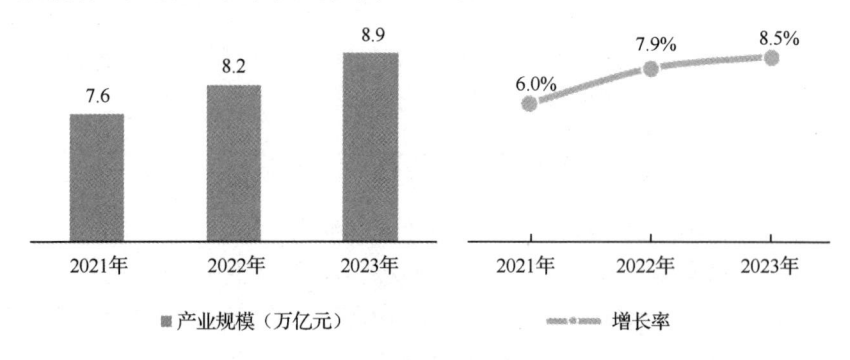

图 25-10　2021—2023 年中国电力装备产业规模与增长率预测
数据来源：赛迪顾问，2021 年 2 月

2. 预计 2023 年成套发电装备占电力装备产业规模比例超六成

随着碳达峰和碳中和相关具体安排和规划的实施，风电、光伏、水电、核电等领域的成套发电装备将成为此次机遇收益最多的重点产品，输配电成套装备中特高压输变电成套装备将是重点产品。从规模来看，成套发电装备和输配电成套装备均将受到积极影响，产业规模将逐步增长，但成套发电装备的增长率将明显高于输配电成套装备。预计到 2023 年成套发电装备产业规模将达 5.4 万亿元，输配电成套装备将达 3.5 万亿元（见图 25-11）。

（二）驱动因素和阻碍因素分析

1. 能源转型电气化趋势明显，电能替代潜力巨大

电能作为清洁、高效的二次能源，在能源变革的大趋势下，将处于未来

能源转型的核心位置，能源生产和消费呈现明显的电气化趋势。2000 年以来，全球电能占终端能源的消费比重由 15.4%提高到 19.0%左右，提升约 4 个百分点；中国此数据由 17.9%提高到 25.5%左右，提升约 7.6 个百分点。从能源生产环节看，体现为可再生能源的大规模开发和利用。从终端消费环节看，体现为电能对化石能源的深度替代。在工业、交通、居民生活领域，电炉钢、建材电窑炉大量投产，拉动钢铁、建材行业用电量快速增长；铁路电气化、电动汽车快速发展拉动交通运输/仓储和邮政业用电增长；电采暖、家用电器发展拉动居民生活用电增长。电能替代潜力的逐步释放将产生较大的电力装备需求，对电力装备自身的发展将产生较大的促进作用。

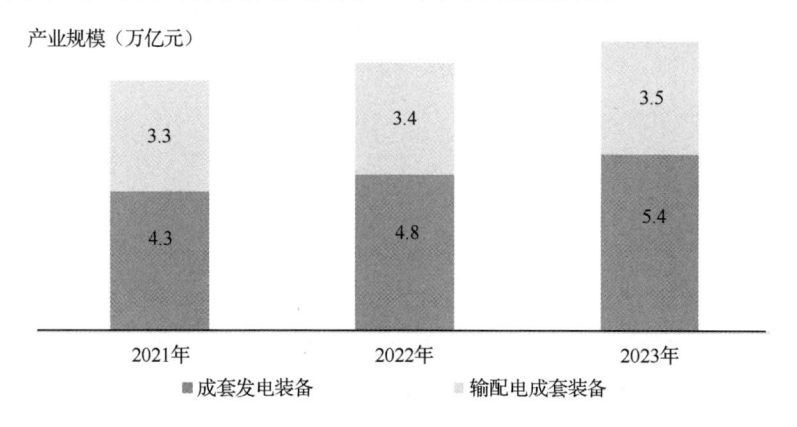

图 25-11　2021—2023 年中国电力装备细分市场产业规模结构预测
数据来源：赛迪顾问，2021 年 2 月

2．新兴技术与电力装备融合更加广泛

近年来，新一代信息技术的迅速兴起并逐渐渗透到电力装备领域，人工智能、大数据、5G 等技术快速发展，相关技术与电力装备的融合发展促进了成套设备的智能化转型，智能运维、远程运维、产品的全生命周期管理等新型服务模式日益成熟；除此之外，以变压器为代表的高效节能技术的持续研发与突破，有效推动了中国输配电装备综合效率水平的提升，使中国在输配电传输过程中的线路损耗不断降低。

（三）主要趋势

1．优化电源结构将给予清洁能源发电装备发展新动力

当前，中国不断优化电源结构，形成了合理发展新能源发电、安全发展

先进核电、有序发展水电、适度加快发展气电，用好煤电托底保供和调节作用的发展态势。能源结构的调整对作为新能源发电、核电和水电核心的清洁能源发电装备提出了更高的要求。近几年，中国以风电、太阳能、核电等为代表的清洁能源发电装备不断提升自身供给能力，风电成套装备由陆上风电机组向陆上、近海风电机组并重转变，远海风电机组也将逐步成为发展重点，太阳能成套装备降本增效成果显著，先进的第三代、第四代核电成套装备为安全供应清洁能源供给的重要补充。未来，中国发电装机总量还将进一步提升，清洁能源发电装机量将是主要的装机来源，新增装机量所占比重将远超其他发电装机量，成为优化中国电力供应结构的重要支撑。

2. 构建能源互联网将促进输配电装备与互联网技术深度融合

未来，电网调度将从过去单一的电源侧调节转变为"网—源—荷"协调的调度模式，削峰与填谷并行，有效降低尖峰负荷需求，平抑电网负荷曲线，降低负荷峰谷差，节约电源投资，提高效率效益。这一系列的变化将不断推动特高压输变电成套装备、柔性直流输变电成套装备的技术升级，推动输配电装备与互联网深度融合，提升数据资源整合，加强输配电装备集成先进的传感技术、信息技术、控制技术。未来，输配电成套装备将向着自动化、智能化、互动化等特征转变，为建设能源互联网提供先进的装备支撑。

3. 提高电力系统能效将提速储能装备与重点成套装备的集成应用

当前，中国不断提高统筹源网荷储发展，推进发展集中式与分布式相结合的清洁能源供能方式，通过智能化电力设备及调节手段实现源网荷储的整体优化，提高能源资源的配置能力。大容量储能等新型电力装备发展将有效破解峰谷时期电力供应结构性，以发电侧集成储能装备为主的应用场景将不断丰富，强化新能源"发电+储能"的结合，电网侧集成储能装备将形成以变电站"储能+调峰/调频储能"为主的应用场景。丰富的应用场景及需求将为储能产业提升技术安全性、成熟度，探索商业化运营模式等多方面带来新的发展机遇。未来，储能装备将成为电力装备的核心之一，成为提高中国电力系统效能的重要装备。

七、无人机

虽然受疫情影响，2020年无人机行业增速有所减缓，但未来无人机产业发展空间依旧巨大，无人机产业结构将向工业级领域倾斜。5G等新一代信息技术的赋能将拓展无人机应用场景，无人机的盈利模式也将从以整机销售为主转变为数据、行业解决方案等服务模式，实现从产业链中游向下游的延伸。

（一）2023年产业规模有望突破1000亿元

随着无人机行业进一步发展，国家政策的大力支持，芯片、飞控系统等关键技术水平的持续革新，下游应用特别是工业级无人机应用需求的增长，中国无人机产业在未来三年的产业规模将保持25%左右的较快增长速度，预计到2023年，产业规模有望突破1000亿元（见图25-12）。

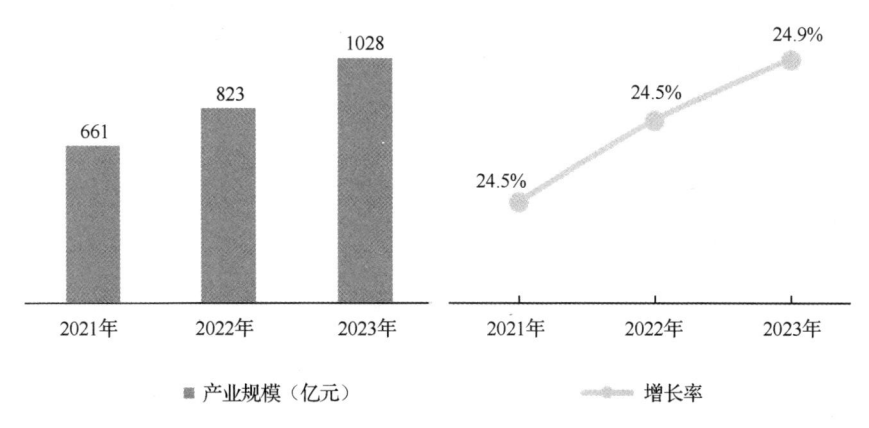

图 25-12　2021—2023年中国无人机产业规模与增长率预测
数据来源：赛迪顾问，2021年2月

（二）产业结构持续向工业级无人机倾斜

随着我国通过代替人工作业实现降本增效的需求进一步扩大，以及工业级无人机环节在农林植保、巡检、测绘与地理信息、安防监控、物流运输等领域的应用不断深入，未来三年中国无人机产业结构将持续向工业级无人机环节倾斜，预计到2023年，工业级无人机产业规模将达到689亿元（见图25-13）。

（三）5G赋能无人机行业应用场景空间增厚

5G通信技术的低时延、高可靠、大带宽、大规模连接等特性，相较4G在连接速度、流量密度、峰值速率、移动性等指标上有较大幅度提升。2020年新冠肺炎疫情使复工难、集中办公场地难等问题陆续凸显，5G赋能的无人机，凭借低时延实现远程实时作业、利用高传输速率实现高清视频实时直

播、从粗精度的巡检探测晋升为高精度精准作业等方面，成为阻断疫情传播的利器，在消杀作业、安防巡检、物流配送、公共宣传等方面发挥了重要作用。未来，随着工业无人机的场景应用逐步放量、5G 技术的成熟，无人机应用的网络限制将被持续破除，"5G+无人机产业"将持续布局，5G 将持续带动无人机的大规模应用。

图 25-13　2021—2023 年中国工业级无人机产业规模预测

数据来源：赛迪顾问，2021 年 2 月

（柱状图数据：2021年 420；2022年 535；2023年 689；单位：产业规模（亿元））

（四）盈利模式由整机盈利转向服务盈利

中国无人机企业的盈利模式大多以整机销售为主。民用无人机具有对飞控要求高、单价较高、重复购买周期长等特点，单一销售整机的模式限制了厂商的盈利空间。无人机在测绘、植保、巡检等领域的实质是数据的采集，随着无人机应用范围的推广，无人机将成为大数据采集的入口，后端数据的挖掘等服务将成为无人机盈利的核心。无人机的主要盈利模式将由整机销售模式转向数据、行业解决方案等的服务模式，实现从产业链中游向下游的延伸。

（五）工业级无人机领域竞争持续升温

目前，我国工业级无人机发展仍处于上升期阶段，市场需求逐步释放，国内消费级无人机厂商昊翔、臻迪科技、零度智控等纷纷切入工业级无人机领域，行业竞争逐步加剧。一方面，政府、企业用户对于工业级无人机的需求具有较好的增长前景，为消费级领域企业切入工业级领域提供了良好的条件；另一方面，行业技术水平的持续革新有助于突破无人机在载荷、可靠性、工作半径等方面的瓶颈，为企业进军工业级领域提供了技术支撑。预计未来进入工业级无人机领域的厂商将进一步增多，工业级无人机领域的竞争将持续升温。

八、轨道交通装备

近年来，中国轨道交通装备产业规模保持增长态势，创新体系不断完善，核心竞争力持续加强，但受 2020 年新冠肺炎疫情影响，产业规模发生大幅下降，若 2021—2023 年新冠肺炎疫情对全球经济的影响较弱，预计其产业规模将在 2023 年超过 7800 亿元，产业结构将呈现整车制造环节规模快速提高的趋势，而城市轨道交通装备及轨道交通装备的检测维修市场将步入景气上行期。

（一）轨道交通装备产业规模将稳步提高，整车装备制造环节将快速提升

1. 2023 年产业规模有望突破 7800 亿元

国内轨道交通装备产业的发展主要取决于国家整体交通发展规划以及各地方政府对城市轨道交通的需求，从国家整体交通发展规划角度看，根据我国《中长期铁路网规划》提出的铁路网建设目标，我国铁路网规模将于 2025 年达到 17.5 万千米，而截至 2020 年年底，全国铁路营业里程为 14.63 万千米，因此国内的铁路建设未来仍有较大的发展空间；从地方政府对城市轨道交通的需求看，在区域协调发展战略的推动作用下，城市群人口将大幅增加，轨道交通作为缓解城市拥堵的主要交通工具，是提高跨区域配置能力的重要载体，各地政府对其需求也将持续扩大，因此我国的轨道交通装备产业规模仍将维持上涨趋势，预计到 2023 年我国轨道交通装备产业规模将达到 7895.8 亿元（见图 25-14）。

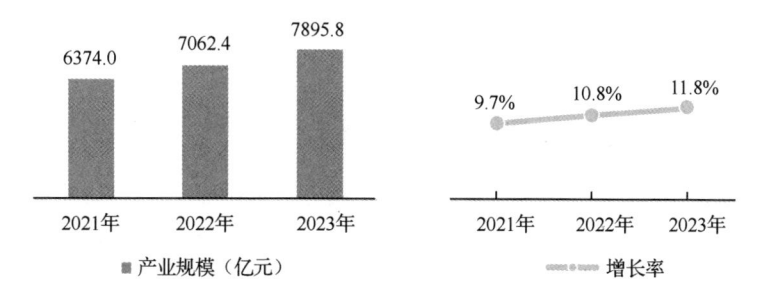

图 25-14　2021—2023 年中国轨道交通装备产业规模与增长率预测

数据来源：赛迪顾问，2021 年 2 月

2. 整车装备制造环节产业规模将迅速提高

整体来看，中国轨道交通装备产业已处于成熟期，各环节规模将持续增长，若 2021—2023 年，新冠肺炎疫情对全球经济的影响较弱，则整车装备

制造环节产业规模将迅速提高，预计 2023 年达 2943.0 亿元；其次为核心零部件制造环节，预计 2023 年产业规模达 2631.7 亿元；最后为运营维护装备制造环节，预计 2023 年产业规模达 2321.1 亿元（见图 25-15）。

单位：亿元

	2021年	2022年	2023年
运营维护装备	1820.4	2098.1	2321.1
核心零部件	2157.3	2328.8	2631.7
整车装备	2396.3	2635.5	2943.0

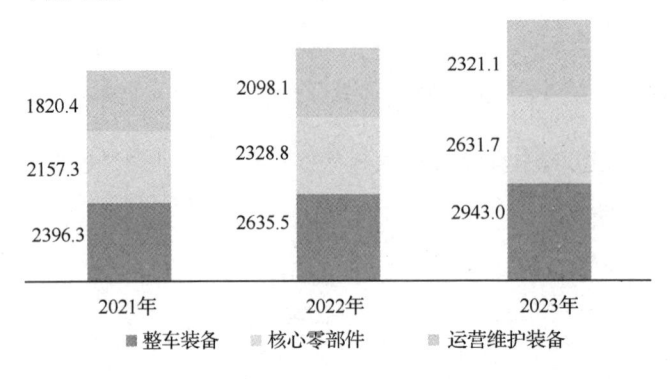

图 25-15　2021—2023 年中国轨道交通装备细分环节产业规模结构预测
数据来源：赛迪顾问，2021 年 2 月

（二）轨道交通装备绿色化发展将成为重要趋势

从国家发展战略来看，2020 年 9 月，中国提出将力争在 2030 年以前实现碳达峰、2060 年以前实现碳中和；《国家综合立体交通网规划纲要》也明确指出中国交通领域二氧化碳排放应尽早达峰，轨道交通车辆由于大运量的特性成为交通领域中资源消耗的重要一环。当前，轨道交通装备企业正通过研制新材料、应用永磁同步电机和燃料电池等方式，积极推动轨道交通装备的绿色化发展。

（三）重点关注城市轨道交通装备及检测维修市场

1. 城市轨道交通装备产业将景气上行，中长期内可持续关注

从国家发展规划来看，《国家综合立体交通网规划纲要》表明，在城市轨道交通领域，国家一方面将推进城市群内部交通运输一体化发展，加快城市群轨道交通网络化；另一方面将推进都市圈交通运输一体化发展，构建以城市轨道交通为骨干的城市公共交通系统。从市场需求来看，目前中国城镇化率刚突破 60%，而"十四五"期间中国城镇化率将提高到 65%，而城市轨道交通的大容量、高效率、低污染等特点，可以有效缓解城市人口数量增加产生的交通拥堵问题。国家积极支持城市轨道交通的发展，并且其中长期市

场需求可观，因此投资机构可关注城市轨道交通装备产业。

2. 轨道交通装备检测维修市场将步入"黄金期"，具有较高的投资价值

随着铁路和城轨运营里程的逐年增加，需要维修检测的轨道交通车辆保有量屡创新高，截至 2020 年，全国铁路机车拥有量为 2.2 万台，铁路客车保有量为 7.6 万辆，铁路货车拥有量为 91.2 万辆，并且轨道交通车辆检修期为十年左右，2011 年后投入运营的动车组正逐步进入检修阶段，庞大的轨道交通运营车辆保有量将催生巨大的检测维修市场，因此建议投资机构重点关注轨道交通装备检测维修市场。

后　　记

《2020—2021年中国智能制造发展蓝皮书》分为4篇，共25章，是在国家推进制造业高质量发展的背景下，面向智能制造引领、制造业数字化转型与融合创新等主题完成的一本专著。本书展现了编写组对智能制造相关领域的洞察，对重点区域的分析及对代表企业的评价，以使社会各界人士更好地理解智能制造及相关产业。

本书由张立担任主编，秦海林担任副主编，具体章节由张凌燕、杨岭、张业佳、陈永灿、董峰、徐迎雪、姚垠国、陶传亮、贾纺纺等合作编著。综合篇由张龙编著；展望篇由徐迎雪、董峰、沈芮、杨雪莹、杨岭、陈永灿、姚垠国、张业佳共同编著，其中，第三章由徐迎雪编著，第四章由张业佳编著，第五章由董峰编著，第六章由沈芮编著，第七章由杨雪莹编著，第八章由杨岭编著，第九章由陈永灿编著，第十章由姚垠国编著；区域篇由董峰、邓志辉、张业佳、赵佩佩、袁小惠、徐迎雪、姚垠国、陈永灿共同编著；企业篇由赵海朋、邓志辉、杜聪、张圣甫共同编著。张凌燕对全书进行了统稿和审校。工业和信息化部装备工业一司相关领导为本书的编撰提供了大力支持及宝贵的意见，同时，上海东富龙、上汽乘用车、中国电研、广州明珞等公司为本书的编撰提供了部分基础材料，在此一并感谢！

本书遵循理论与实践紧密结合、数据和事实为唯一基准的原则，运用探索性研究、描述性研究、数量分析与系统总体归纳相结合的科学研究方法，对智能制造的发展及应用进行了深入分析，对未来发展趋势进行了客观预测，最终提出了具有建设性的结论和建议。

赛迪智库
面向政府　服务决策

思想，还是思想
　才使我们与众不同

《赛迪专报》	《安全产业研究》	《产业政策研究》
《赛迪前瞻》	《工业经济研究》	《军民结合研究》
《赛迪智库·案例》	《财经研究》	《工业和信息化研究》
《赛迪智库·数据》	《信息化与软件产业研究》	《科技与标准研究》
《赛迪智库·软科学》	《电子信息研究》	《无线电管理研究》
《赛迪译丛》	《网络安全研究》	《节能与环保研究》
《工业新词话》	《材料工业研究》	《世界工业研究》
《政策法规研究》	《消费品工业"三品"战略专刊》	《中小企业研究》
		《集成电路研究》

通信地址：北京市海淀区万寿路27号院8号楼12层
邮政编码：100846
联 系 人：王　乐
联系电话：010-68200552　13701083941
传　　真：010-68209616
网　　址：www.ccidwise.com
电子邮件：wangle@ccidgroup.com

赛迪智库
面向政府　服务决策

研究，还是研究
才使我们见微知著

规划研究所	知识产权研究所	安全产业研究所
工业经济研究所	世界工业研究所	网络安全研究所
电子信息研究所	无线电管理研究所	中小企业研究所
集成电路研究所	信息化与软件产业研究所	节能与环保研究所
产业政策研究所	军民融合研究所	材料工业研究所
科技与标准研究所	政策法规研究所	消费品工业研究所

通信地址：北京市海淀区万寿路27号院8号楼12层
邮政编码：100846
联 系 人：王　乐
联系电话：010-68200552　13701083941
传　　真：010-68209616
网　　址：www.ccidwise.com
电子邮件：wangle@ccidgroup.com